인생에 한번쯤
교양으로 읽는

논어

인생에 한번쯤 교양으로 읽는
논어

초판 1쇄 인쇄 2022년 5월 16일
초판 1쇄 발행 2022년 5월 25일

지은이 | 공자
옮긴이 | 장개충
펴낸이 | 김의수
펴낸곳 | 레몬북스(제396-2011-000158호)
주 소 | 경기도 고양시 덕양구 삼원로73 한일윈스타 1406호
전 화 | 070-8886-8767
팩 스 | (031) 990-6890
이메일 | kus7777@hanmail.net

ISBN 979-11-91107-25-8 (03140)

<<< 흔들리는 나를 일으켜 세우는 고전 속으로 >>>

인생에
한번쯤

교양으로
읽는

논어

공자 지음 + 장개충 옮김

레몬북스
lemon books

배움에서 시작해 하늘의 뜻을 알다

『논어(論語)』는 한마디로 요약하여 중국 고전의 『사서오경(四書五經)』 중
첫 번째 책으로 공자와 그 제자들의 언행이 담긴 어록(語錄)이다.

『논어』의 내용은 '배움'에서 시작해 '하늘의 뜻을 아는 것(知命)'까지로 되
어 있는데 그 흐름은 공자의 말, 공자와 제자 사이의 대화, 공자와 당시
사람들과의 대화, 제자들의 말, 제자들 간의 대화 등으로 구성되어 있으
나 이들 모두는 공자(孔子)라는 인물의 사상과 행동을 보여 주려는 데 초
점이 맞추어져 있다.

공자는 15세에 학문에 뜻을 두어 가난에 시달리고 천한 일에 종사하면서
도 부지런히 이치를 탐구하고 실천에 힘써 위대한 성인으로 추앙받았다.
20대에 이미 그 이름을 떨쳐 제자들이 따르게 되었으며 그의 관심은 예
(禮)와 악(樂) 등 문화 전반에 걸쳐 있었다.

공자는 인(仁)의 실천에 바탕을 둔 개인적 인격의 완성과 예(禮)로 표현되
는 사회질서의 확립을 강조하였으며, 궁극적으로는 도덕적 이상 국가를
이 땅에 건설하려 하였다. 공자는 철저한 현실주의자로 그의 사상은 실
천을 전제로 한 도덕이 핵심을 이루고 있다. 따르는 제자가 무려 3천여
명이었으며, 그중 72인이 뛰어났다.

당시 노(魯)나라는 계손·맹손·숙손의 삼환씨(三桓氏)가 정권을 농락하는 형편이었다. 공자는 51세 때 대사구(지금의 법무장관)까지 역임하였으나 자신의 포부를 펼치지 못하고 물러났다. 그 뒤 천하를 다니면서 정치적 혁신을 실현하려 하였으나, 결국 실패하고 68세에 고국으로 돌아와 후진들의 양성에 힘썼다.

『논어』는 진시황이 천하를 통일했을 때, 소위 분서(焚書)의 화를 입었다. 진시황은 유교의 정치사상이 자기의 전제적 통일 국가의 정치에 어긋난다는 이유로 책을 불사르고 유학자들을 땅 구덩이에 파묻었다. 그 때문에 『논어』는 다른 서적과 함께 잠시 자취를 감추었으나 한나라 때에 이르러서 다시 세상의 빛을 보게 되었다.

그 후 송나라 때에 이르러 유교의 대성자(大成者)로 알려진 주희(朱熹)가 『대학』, 『중용』, 『논어』, 『맹자』의 네 가지 책을 합쳐서 '사서집주(四書集註)'를 만든 것이 오늘날 널리 읽히고 있는 것이다.

편저자 씀

論語

차례

1장

학문의 기쁨과 덕행

『논어』는 총 20장이며, 그중에서도 제1장이 가장 중요하다. 황간(皇侃)이 본 장을 『논어』의 첫 장으로 내세운 이유는, "『예기(禮記)』의 「학기(學記)」에서 '옥돌은 다듬지 않으면 옥기가 되지 못하고 사람은 배우지 않으면 도를 모른다.(玉不琢 不成器 人不學 不知道)'라고 했듯이 배워야 훌륭한 사람이 될 수 있음을 밝히기 위해서이다."라고 했다.

論 語
學 而

배움의 기쁨

자왈 학이시습지 불역열호
子曰, 學而時習之면 不亦說乎아?

유붕 자원방래 불역낙호
有朋이 自遠方來면 不亦樂乎아?

인부지이불온 불역군자호
人不知而不溫이면 不亦君子乎아.

○ 풀이　공자께서 말씀하셨다.

"성현의 도를 배우고 기회가 있을 때마다 이를 생각하고 실천하니 기쁘지 아니 할까? 뜻을 같이 하는 벗이 멀리서 찾아오니 또한 즐겁지 않은가? 그리고 나를 남들이 알아주지 않아도 노여워하지 않으니 참으로 군자가 아니겠느냐?"

○ 해설　배워야 바르게 도리를 알고 착하게 살 수 있다. 그리고 학문과 덕행이 높은 군자들이 많이 모여서 세(勢)를 형성해야 한다. 그러므로 공자는 '벗들이 멀리서 찾아오니 즐겁지 않은가.'라고 했다.

🔖 근본이 서야 한다

유자왈   기위인야효제   이호범상자선의   불호범상
有子曰, 其爲人也孝弟요 而好犯上者鮮矣니 不好犯上이요

이호작란자   미지유야   군자   무본
而好作亂者는 未之有也니라. 君子는 務本이니

본립이도생   효제야자기위   인지본여
本立而道生하나니 孝弟也者其爲는 仁之本與인저.

○ 풀이   유자가 말하였다.

"가정에 있어서 부모에게 효도하고 형에게는 순종하는 사람이 사회에 나와 웃어른을 공경하면서 윗사람의 마음을 거스르기 좋아하는 사람은 드물다. 윗사람 마음을 거스르지 않으면서 질서를 어지럽히길 좋아하는 그런 사람은 아직까지 없었다. 군자는 근본에 힘써야 한다. 근본이 서야 도가 생긴다. 부모에 대한 효도와 형제에 대한 공경이 바로 인(仁)을 이룩하는 근본이다."

○ 해설   인(仁)은 공자 사상의 핵심이다. 공자는 '인은 남을 사랑함이다.(仁愛人也)'라고 했다. 즉 '인은 남을 사랑하는 덕행이다.'라는 뜻이다. 사람은 하늘로부터 착한 성품을 받아 지니고 있다. 그 착한 성품의 기본이 곧 인심(仁心)이다. 인(仁)은 인심을 바탕으로 모든 사람과 자연 만물을 사랑하고 키워주는 인덕(仁德)의 핵심이다.

論語學而 인(仁)을 찾기 힘든 까닭

자 왈　교 언 영 색　　선 의 인
子曰, 巧言令色이 鮮矣仁이니라.

○ 풀이　공자께서 말씀하셨다.

"듣기 좋게 꾸며대는 간사한 말, 보기 좋게 아양 떠는 얼굴 표정, 이러한 기교에는 인(仁)의 그림자조차 찾기 힘들다."

○ 풀이　주자는 『집주(集注)』에서, '말을 듣기 좋게 잘하고 용모나 표정을 보기 좋게 꾸미고 외면적으로 가식하고, 남을 기쁘게 하려고 애쓰는 (그런 자에게는) 이기적이고 사악한 욕심이 마냥 넘치고 반대로 본심에서 나오는 인덕이 없다.'고 했다.

論語學而 수양과 인격 도야의 바탕

증 자 왈　오 일 삼 성 오 신　　　위 인 모 이 불 충 호
曾子曰, 吾日三省吾身하노니 爲人謀而不忠乎아?

여 붕 우 교 이 불 신 호　　　전 불 습 호
與朋友交而不信乎아? 傳不習乎아?

○ 풀이　증자가 말하였다.

"나는 매일 다음 세 가지 일에 대하여 자신을 반성한다. 남을 위해 충실하게 일을 도모하지 않았는가? 친구와 사귐에 있어 신의를 저버린 일이 없었나? 스승으로부터 배운 학문을 익히지 않은 일이 없는가?"

○ 해설　자기반성은 수양과 인격 도야의 바탕이다. 여기서는 세 가지를 들었지만, 사람은 누구나 실수나 허물이 크다. 그러므로 모든 실수나 허물을 깊이 반성하고 두 번 다시 되풀이하지 않아야 스스로 발전할 수 있다.

천자의 나라

자 왈　도 천 승 지 국　　경 사 이 신
子曰, 道千乘之國하되 敬事而信하며,

절 용 이 애 인　　사 민 이 시
節用而愛人하며 使民以時니라.

○ 풀이　공자께서 말씀하셨다.

"천승(千乘)●의 나라를 다스리는 데에는, 정사(政事)를 공경히 신중하게 처리하여 백성들의 믿음을 얻어야 하며, 씀씀이를 절약하고 인재를 아껴야 하며, 백성들에게 일을 시킬 때에는 적절한 시기를 가려서 써야 한다."

○ 해설　위정자가 천도를 기준으로 모든 일을 신중히 처리하면 백성들의 신망을 얻는다. 또 백성을 사랑하는 인심을 바탕으로 국가의 씀씀이를 절약하고 아울러 때를 가려 백성들을 동원하고 부려 써야 한다.

● 천승(千乘) : 전쟁을 함에 있어 전차 천 대를 동원할 수 있는 제후의 나라. 승(乘)은 네 필의 말이 끄는 전차. 일 승의 전차에는 무장한 갑사(甲士) 3명, 보졸(步卒) 72명, 기타 잡역을 합해 백여 명이 따랐으며, 그들이 쓸 무기·양곡 등을 운반하는 치중거(輜重車)가 동원되었다. 만승(萬乘)을 동원하는 나라가 천자(天子)의 나라다.

덕행의 실천

자 왈   제 자 입 즉 효   출 즉 제
子曰, 弟子入則孝하고 出則弟하며

근 이 신   범 애 중   이 친 인
謹而信하며 汎愛衆하되 而親仁이니

행 유 여 력   즉 이 학 문
行有餘力이어든 則而學文이니라.

○ 풀이   공자께서 말씀하셨다.

"연소자가 수양하는 길은, 가정에 있어서는 부모에게 효도하고 밖에서는
어른들에게 공손하며, 언행을 성실하고 미덥게 해야 한다. 널리 사람들
을 사랑하되 특히 인덕 있는 사람들과 가까이 지내야 한다. 이렇게 잘 행
하고도 여력이 있으면 글을 배워야 한다."

○ 해설   덕행의 실천을 앞세운 말이다. 가정에서는 인의 근본이 되는 효
도를 실천하고, 사회에 나가서는 윗사람을 공경하며 인덕 있는 어진 사
람을 존경하고 따라야 한다. 그런 다음에 학문을 배워야 한다.

정의로운 사회

자 하 왈　　현 현　　　　역 색　　　　사 부 모　　　　능 갈 기 력
子夏曰, 賢賢하되 易色하며 事父母하되 能竭其力하며

사 군　　　능 치 기 신　　　여 붕 우 교　　　언 이 유 신
事君하되 能致其身하며 與朋友交하매 言而有信이면

수 왈 미 학　　　　　오 필 위 지 학 의
雖曰未學이라도 吾必謂之學矣라 하리라.

○ 풀이　　자하가 말하였다.

"미인을 그리워하는 대신 어진 사람을 그리워하며, 부모를 섬김에 있어 자신의 힘을 다하며, 임금을 섬김에 있어 자신의 몸을 바칠 줄 알며, 벗과 사귐에 있어 언행에 믿음이 있다면, 비록 배운 게 없다 할지라도 나는 반드시 그를 배운 사람이라 할 것이다."

○ 해설　　여색을 탐하듯이 현인을 존경해야 나라의 기풍이 진작되고 흥한다. 또 윤리 도덕을 실천해야 한다. 가정에서는 부모에게 효도하고, 나라의 임금에 대해서는 충성하고 공헌해야 한다. 친구나 동료들은 서로 신의를 지켜야 정의로운 사회가 된다.

🔲 충성과 신의를 지켜야 한다

자 왈　군 자 부 중 즉 불 위　　학 즉 불 고
子曰, 君子不重則不威니 學則不固니라.

주 충 신　　　무 우 불 여 기 자　　과 즉 물 탄 개
主忠信하며 無友不如己者요 過則勿憚改니라.

○ 풀이　공자께서 말씀하셨다.
"군자가 신중하지 않으면 위엄이 없고 학문을 배워야 고루하지 않다. 충
성과 신의를 지켜라. 자기보다 못한 자를 벗하지 말라. 잘못이 있으면 꺼
리지 말고 즉시 고쳐라."

○ 해설　군자는 인격적으로 무게와 권위가 있어야 한다. 그러기 위해서
는 잘 배우고 도리에 통달해야 한다. 그리고 또한 언행을 신중하게 해야
한다.

🔲 인류의 문화 계승 발전

증 자 왈　신 종 추 원　　　민 덕　　귀 후 의
曾子曰, 愼終追遠이면 民德이 歸厚矣리라.

○ 풀이　증자가 말하였다.
"윗자리에 있는 사람이 부모의 장례를 신중하게 치르고 오랜 조상의 제
사를 정성스럽게 잘 받들고 추모하면, 백성들의 덕성이 한결 돈독하게
되리라.

　　인간의 육체적 삶은 태어남으로 시작하고 죽음으로 종결된다.

그러나 인간의 정신적·문화적 삶이나 업적은 후손이나 후세의 모든 사람들에게도 이어지고 또 영향을 준다. 그래서 인류의 문화가 계승되고 발전하는 것이다.

論語學而 인정(仁政)과 덕치(德治)

자 금 문 어 자 공 왈　　부 자　　　지 어 시 방 야　　　필 문 기 정
子禽問於子貢曰, 夫子이 至於是邦也하사 必聞其政하시나니

구 지 여　　억 여 지 여
求之與아 抑與之與아?

자 공 왈　　부 자　　온 량 공 검 양 이 득 지
子貢曰, 夫子는 溫良恭儉讓以得之시니

부 자 지 구 지 야　　기 제 이 호 인 지 구 지 여
夫子之求之也는 其諸異乎人之求之與인제!

○ 풀이　　자금이 자공에게 물었다.

"선생님(공자)께서는 어느 나라에 가시든지, 반드시 그 나라(임금으로부터) 정사를 물어서 듣게 되시는데, 그것은 선생님께서 먼저 요청하신 것입니까? 혹은 그 나라 임금이 자진해서 말하는 것입니까?"

자공이 말하였다.

"선생님께서는 온화, 선량, 엄숙, 검박, 겸양의 다섯 가지 덕으로써(남을 감화시키고, 그 결과) 그 나라의 정치에 대해 상담을 들으신다. 이처럼 선생님께서 정치에 관심을 갖는 것은 다른 사람들이 정치에 가까이 하고자

하는 태도와는 다르다."

○ 해설   공자는 학문과 덕행을 겸비한 군자들을 배양하고 그들을 현실
정치에 참여시킴으로써 인정(仁政)과 덕치(德治)를 실현하고자 염원했다.
그래서 공자는 여러 나라를 방문했고, 가는 곳마다 그 나라 임금과 정치
에 대한 논의를 펼쳤다.

그러나 공자는 다른 유세객(遊說客)들과는 달랐다. 다른 유세객들은 권모
술수(權謀術數)와 강병부국(强兵富國)의 책략을 가지고 임금에게 접근하고
설득하려 했다. 하지만 공자는 그들과는 정반대가 되는 예치(禮治)와 인
정(仁政)의 대도를 알리고자 했던 것이다. 특히 공자는 '온량공검양(溫良恭
儉讓)'의 오덕(五德)을 바탕으로 임금을 감화시키려고 했던 것이다. 그러므
로 자공은 '다른 사람들과는 크게 다르다.'고 말한 것이다.

효란 무엇인가

자 왈   부 재   관 기 지   부 몰   관 기 행
子曰, 父在에 觀其志요 父沒에 觀其行이나

삼 년   무 개 어 부 지 도   가 위 효 의
三年을 無改於父之道라야 可謂孝矣니라.

○ 풀이   공자께서 말씀하셨다.
"부친이 살아계시면 어른의 뜻을 살펴 따라야 하고, 이미 돌아가셨으면
생존 시의 행적을 살펴 본으로 삼아야 한다. 3년간을 두고 선친의 도를
고치지 않아야 비로소 효라 할 수 있다."

○ 해설   부모님 생존 시에는 정성껏 봉양하고, 돌아가시면 정중하게 장례를 치르고, 또 제사를 잘 모시는 것을 일반적으로 효(孝)라고 한다. 그러나 효도에는 높은 차원의 깊은 뜻이 있다. 효도 효(孝)는 본받을 효(效)와 통한다. 크게는 하늘의 도리를 본받고 행한다는 뜻이고, 작게는 선조나 부친의 뜻이나 이상을 본받고 따른다는 뜻이다. 즉 가문과 선조의 전통을 계승하고 발전시킨다는 뜻이다.

學而 화목과 즐거움

유 자 왈　예 지 용　　화 위 귀　　선 왕 지 도　사 위 미
有子曰, 禮之用이 和爲貴하니 先王之道 斯爲美니라,

소 대 유 지　　유 소 불 행
小大由之이나 有所不行이니라.

지 화 이 화　　불 이 예 절 지　　역 불 가 행 야
知和而和로되 不以禮節之면 亦不可行也니라.

○ 풀이   유자가 말하였다.
"예(禮)를 시행하는 데는 조화를 귀하게 여긴다. 옛 선왕들의 예도가 그러했으므로 아름답고 좋았다. (그러나) 작은 일이나 큰일 모두에 조화 위주로만 하면 잘 안 될 때가 있다. 조화의 귀중함을 알고 조화롭게 하되, 예로써 조절하지 않으면 역시 안 될 수도 있다."

○ 해설   '화목과 즐거움'을 화락(和樂)이라고 한다.

🈁 인(仁)을 잃지 않는 사람

유 자 왈　신 근 어 의　　언 가 복 야　　공 근 어 례　　원 치 욕 야
有子曰, 信近於義면 言可復也며 恭近於禮면 遠恥辱也며

인 불 실 기 친　　　역 가 종 야
因不失其親이면 亦可宗也니라.

○ 풀이　유자가 말하였다.

"남에게 한 약속이 의로움에 가깝다면 그 말을 실천할 수 있다. 남을 공경하되 예에 가까워야 치욕스런 일은 당하지 않을 것이다. 남을 의지하되 그가 인(仁)을 잃지 않는 사람이라야 비로소 그를 존경하고 주인으로 삼을 수 있다."

○ 해설　유교는 덕행(德行)을 높인다. 덕(德)은 얻을 득(得)과 통한다. 도(道)를 따르고 실천해서 얻어진 좋은 성과(成果)를 덕이라 한다. 그러므로 덕행은 곧 하늘의 절대선(絕對善)의 도를 따르고 실천해서 좋은 성과를 거두는 행동이다. 결국 덕행은 절대선인 하늘의 도리이다. 천도에 어긋나는 말이나 행동은 절대로 덕이 될 수 없다.

배우기 좋아하는 사람

자 왈 군자식무구포 거무구안 민어사이신어언
子曰, 君子食無求飽하며 居無求安하며 敏於事而愼於言이오.

취 유 도 이 정 언 가 위 호 학 야 이
就有道而正焉이면 可謂好學也已니라.

○ 풀이 　공자께서 말씀하셨다.

"군자는 배불리 먹기를 구하지 않고, 편히 살기를 구하지 않고, 일을 민첩하게 하고, 말을 신중히 하며, 도를 좇아 바르게 해야 한다. 그래야 가히 배우기 좋아하는 사람이라 말할 수 있다."

○ 해설 　군자는 자기 한 몸의 안락을 구하기에 앞서, 천하 만민의 평화와 행복을 앞세워야 한다.

도를 즐기고 예를 좋아하는 사람

자 공 왈 빈 이 무 첨 부 이 무 교 하 여
子貢曰, 貧而無諂하며 富而無驕하되 何如하니이까?

자 왈 가 야 미 약 빈 이 락 부 이 호 례 자 야
子曰, 可也나 未若貧而樂하며 富而好禮者也니라.

○ 풀이 　자공이 말하였다.

"가난하면서도 남에게 아첨하지 않고 부유하면서도 교만하지 않으면 어떻겠습니까?"

공자께서 말씀하셨다.

"그 정도면 괜찮다. 그러나 가난하면서도 도를 즐기고, 부유하면서도 예를 좋아하는 사람만은 못하다."

○ 해설 　자공은 언어에 뛰어난 제자로, 처음에는 가난했으나 나중에는 경제적으로 부유하게 살았다. 그래서 공자에게 이와 같은 질문을 한 것이다.

論語學而 도를 즐기고 예를 좋아하는 사람

자 왈　불 환 인 불 지 기　환 부 지 인 야
子曰, 不患人不知己요 患不知人也니라.

○ 풀이 　공자께서 말씀하셨다.

"남들이 나를 알아주지 않음을 조금도 걱정할 게 못 된다. 내가 남을 제대로 알지 못함을 걱정해야 한다."

○ 해설 　학문은 자기 수양을 위해서 하는 것이다. 설사 남이 나를 알아주지 않더라도 노여워하거나 불평을 하면 안 된다. 그러나 자신은 항상 나보다 현명하고 덕이 높은 사람을 찾고 그 사람에게 배우고 나 자신을 발전시켜야 한다.

2장

진리의 빛

제2장은 모두 공자님 말씀으로 되어 있는데, 두세 편 정치에 관한 것을 제외하고는 모두 효도에 관한 내용이다. 성현과 군자는 다스리는 사람이다. 그러므로 위정을 첫 장에 내세웠고 편명으로 삼았다.

論 語
爲 政

🔲 백성이 따르는 정치

자 왈   위 정 이 덕   비 여 북 진   거 기 소
子曰, 爲政以德이 譬如北辰이 居其所이어든

이 중 성 공 지
而衆星共之니라.

○ 풀이   공자께서 말씀하셨다.

"덕으로써 정치를 한다면 백성은 자연히 모여든다. 이는 마치 북극성이
제자리에 있으되, 뭇 별들이 그것을 에워싸고 따르는 것과 같으니라."

○ 해설   『고주(古註)』에서는, '덕은 인간적인 조작을 아니 한다. 흡사 북극
성이 제자리에 가만히 있으되 뭇 별들이 그를 존경하고 그를 중심으로
하고 질서정연하게 돌아가는 것과 같다.'고 풀이했다. 바른 정치는 곧 하
늘의 도리를 따르고 실천해서 좋은 성과를 거두는 덕치(德治)이다.

🔲 사악함이 없는 순수함

자 왈   시 삼 백   일 언 이 폐 지   왈   사 무 사
子曰, 詩三百에 一言以蔽之하니 曰 思無邪니라.

○ 풀이   공자께서 말씀하셨다.

"『시경(詩經)*』에는 삼백여 편의 시가 실려 있지만, 한 마디로 말해서 그 전

● 주(周)나라의 시를 공자가 편찬한 것으로 전함. 오경(五經)의 하나. 詩三百 : 『시경』에 있는 3백 편의
시. 실제로는 모두 305편의 시를 수록하고 있다.

24

체를 꿰뚫고 있는 정신은 '순수하여 사악함이 없다.'는 한 구절로 족하니라."

○ 해설   『시경』은 세계 최고의 시집이다. 크게 '풍(風)·아(雅)·송(頌)' 셋으로 분류한다. 풍(風)은 각 지방의 노래이다. 아(雅)는 제후나 왕족들의 행사 및 의식이나 연락(宴樂)을 읊은 시들이다. 송(頌)은 주로 주(周)나라의 조상들을 칭송하는 종교시(宗教詩)이다.

德으로 이끌고 예로써 다스려야 한다

자 왈   도 지 이 정   제 지 이 형   민 면 이 무 치
子曰, 道之以政하고 齊之以刑이면 民免而無恥니라.

도 지 이 덕   제 지 이 례   유 치 차 격
道之以德하고 齊之以禮면 有恥且格이니라.

○ 풀이   공자께서 말씀하셨다.
"법률 제도만으로써 백성을 인도하고, 형벌만으로써 질서를 유지하려고 하면, 백성들은 죄를 모면하되 부끄러움을 못 느낀다. 그러나 덕으로 이끌고 예로써 다스리면 염치를 알고 또 바르게 된다."

○ 해설   공자는 법치(法治)보다 덕치(德治)를 높였다. 덕치는 곧 도덕정치다. 통치자인 임금이나 정치에 참여하는 군자들이 인격을 완성하고 절대선인 하늘의 도리를 따라 솔선수범해서 덕을 세워야 한다.

論語 爲政 사람의 수양과 발전 과정

자 왈   오 십 유 오 이 지 우 학
子曰, 吾十有五而志于學하고

삼 십 이 립   사 십 이 불 혹
三十而立하고 四十而不惑하고

오 십 이 지 천 명   육 십 이 이 순
五十而知天命하고 六十而耳順하고

칠 십 이 종 심 소 욕   불 유 구
七十而從心所欲하여 不踰矩하라.

○ 풀이   공자께서 말씀하셨다.

"나는 열다섯 살에 학문에 뜻을 두었고, 서른 살에 정신적 기초가 확립되었고, 마흔 살에는 미혹하지 않게 되었고, 쉰 살에는 하늘이 내게 주신 사명을 알았다. 예순 살에는 사물의 이치를 저절로 알게 되었고, 일흔 살에는 하고 싶은 대로 해도 법도에 어긋나지 않았다."

○ 해설   공자가 자신의 평생을 회고하고 자신의 수양과 발전 과정을 요약해서 말한 것이다. 그러나 이 말은 모든 사람의 수양과 발전 과정을 단계적으로 말한 것으로도 볼 수 있다.

예로써 행해야 한다

맹의자문효   자왈   무위   번지어   자고지왈
孟懿子問孝한대 子曰, 無違니라. 樊遲御러니 子告之曰,

맹손   문효어아   아대왈   무위
孟孫이 問孝於我어늘 我對曰, 無違하라.

번지왈   하위야
樊遲曰, 何謂也리이까?

자왈   생사지이례   사 장지이례   제지이례
子曰, 生事之以禮하며 死 葬之以禮하며 祭之而禮니라.

○ 풀이   맹의자가 효에 대해 묻자 공자께서 말씀하셨다.
"어긋나지 않도록 하는 게 좋을 듯합니다."
번지가 수레를 몰고 있을 때 공자께서 말씀하셨다.
"맹손이 나에게 효에 대해 묻기에, 내가 어긋나지 않도록 하는 게 좋다고
대답해 주었다."
번지가 여쭈었다.
"그것은 무엇을 말씀하신 것입니까?"
공자께서 말씀하셨다.
"부모가 살아계실 때는 예로써 섬기고, 돌아가셨을 때는 예로써 장례를
치르고, 제사도 예로써 모셔야 한다는 것이다."

○ 해설   공자는 부모가 살아 계실 때나 돌아가셨을 때 혹은 제사를 지내
더라도 부모님에 대한 극진한 예를 다해서 행해야 한다고 주장한 것이다.

論語요約 부모에게 걱정을 끼쳐서는 안 된다

맹 무 백 문 효　　　자 왈　부 모　　유 기 질 의 우
孟武伯問孝한대 子曰, 父母는 唯其疾之憂시니라.

○ 풀이　맹무백이 효에 대해서 묻자 공자께서 말씀하셨다.
"부모는 언제나 자식의 건강이 나쁨을 걱정하시는 것입니다."

○ 해설　공자는 사려 깊지 못하고 무용을 좋아하는 아들, 즉 맹무백에게,
"병이 났을 때에는 부모에게 걱정을 끼쳐드릴 수 있지만 사리분별 없는
행동으로 부모에게 걱정을 끼쳐서는 안 된다."고 말한 것이다.

論語요약 사랑과 존경으로 부모를 섬겨야 한다

자 유 문 효　　　자 왈　금 지 효 자　　시 위 능 양
子游問孝한대 子曰, 今之孝者는 是謂能養이니

지 어 견 마　　　　개 능 유 양　　　불 경　　　하 이 별 호
至於犬馬하여도 皆能有養이니라, 不敬이면 何以別乎이오?

○ 풀이　자유가 효에 대해서 묻자 공자께서 말씀하셨다.
"요즘에는 효를 단지 공양하는 것으로만 생각하지만, 개나 말도 키워주
고 있다. 부모를 존경하지 않는다면 무엇이 다르겠는가?"

○ 해설　자기를 낳고 키워준 부모에게 감사하고 부모를 잘 섬기고 정성
껏 공양해 올리는 것은 일차적인 효도이다. 그러나 외형적·물질적 공양

에도 진정한 사랑과 존경심이 따라야 한다. 그렇지 않으면 가축에게 먹이를 주는 것과 다를 바 없게 된다. 자식은 부모를 통해 생명과 육신을 이어 받았다.

참뜻이 담겨 있지 않으면 효가 아니다

자 하 문 효　　　자 왈　색 난　　　유 사 제 자 복 기 로
子夏問孝한대 子曰, 色難이니 有事弟子服其勞하고

유 주 사 선 생 찬　　증 시 이 위 효 호
有酒食先生饌을 曾是以爲孝乎아?

○ 풀이　자하가 효에 대해서 묻자 공자께서 말씀하셨다.
"항상 즐거운 낯으로 부모를 대하는 것은 어렵다. 일이 있으면 자식이 그 수고로움을 대신하고, 술이나 음식이 있을 때에는 부모가 먼저 드시게 하는 것을 가지고 어찌 효도라 할 수 있겠느냐? 거기에 참뜻이 담겨져 있지 않다면 효라고 할 수는 없다."

○ 해설　공자는 '부모를 모실 때에, 자식이 안색과 표정을 부드럽고 즐겁게 하기가 어렵다. 힘든 일을 대신 떠맡고 음식 공양을 잘하는 것만으로는 충분한 효가 되지 못한다.'고 풀이했다.

論語熟故 뜻을 실천하는 사람

자 왈　오 여 회 언 종 일　　불 위 여 우　　퇴 이 성 기 사
子曰, 吾與回言終日하나 不違如愚러니 退而省其私한대

적 족 이 발　　　회 야 불 우
赤足以發하나니 回也不愚도다.

○ 풀이　공자께서 말씀하셨다.

"내가 안회와 함께 하루 종일 얘기를 해도 그는 마치 어리석은 사람처럼 묵묵히 듣고만 있을 뿐이다. 그런데 그가 돌아간 뒤, 그의 생활을 보니 역시 내 뜻을 충분히 실천하고 있었다. 그러니 안회는 어리석은 사람이 아니다."

○ 해설　안회는 과묵했으나 배우기를 좋아했고, 또 덕(德)을 실천했다. 그래서 공자가 '어리석은 사람이 아니다.'라고 한 것이다. 공자의 같은 수제자 자공(子貢)은 안회를 두고 '하나를 듣고 열을 알았다(聞一而知十).'라고 칭찬했다.

論語熟故 사람 됨됨이는 숨길 수 없다

자 왈　시 기 소 이　　관 기 소 유
子曰, 視其所以하여 觀其所由하며

찰 기 소 안　　인 언 유 재　　인 언 유 재
察其所安이면 人焉廋哉리요 人焉廋哉리오!

○ 풀이   공자께서 말씀하셨다.

"그 사람이 지금 하고 있는 행위를 보고, 그 연유를 살피고 또 그가 받아들이고 있는 결과를 관찰해 보면, 결국 그 사람을 알게 된다. 그러니 사람 됨됨이를 숨길 수 있겠는가, 사람 됨됨이를 어찌 숨길 수 있겠는가!"

○ 해설   인간의 인품이나 덕성을 바르게 평가하기 위해서는, 첫째 밖으로 나타나는 언행이나 작위(作爲)를 보는 것. 둘째 그러한 행동을 하게 된 동기나 경유 및 과정을 넓게 관찰해 보는 것. 셋째 그 사람이 어떠한 결과나 처지에 안정되고 또 즐기는가를 깊이 통찰하는 것이다.

論語 새 지식을 구하는 사람이 남을 인도한다

자 왈   온고이지신   가이위사의
子曰, 溫故而知新이면 可以爲師矣니라.

○ 풀이   공자께서 말씀하셨다.

"옛것을 알고, 갈고 닦아 애호하면서 새 지식을 구하는 사람이라면, 능히 남을 인도할 자격이 있다."

○ 해설   '온고지신'은 진정한 학문정신을 갈파한 명언이다. 남의 스승이 된 사람은 새로운 도리를 깨달아야 된다. 옛것에 대한 올바른 지식이 없이는 오늘의 새로운 사태를 정확히 파악할 수 없고, 새로운 사태를 정확히 인식하지 못한다면 장차 올 사태에 대한 올바른 판단이 설 수 없다.

論語 어떤 일이든 할 수 있는 능력

자 왈   군자   불기
子曰, 君子는 不器니라.

○ 풀이   공자께서 말씀하셨다.

"군자는 기계적인 인간이어서는 안 된다. 즉 한 가지 일밖에 할 수 없는 전문가여서는 안 된다.(무슨 일이나 할 수 있는 능력을 갖추고 있어야만 한다)." 라고 하였다.

○ 해설   '불기(不器)'는 기물 같은 존재가 아니다. 하나의 기물은 한 용도

에만 쓰인다. 군자는 절대선인 하늘의 도리를 원리원칙으로 삼고 넓은 세계관과 깊은 역사관을 지닌 고차원적 지도자다. 그러므로 기능공 같은 존재가 아니다.

말하기는 쉬워도 실천하기는 어렵다

자 공   문 군 자
子貢이 問君子한대

자 왈   선 행 기 언   이 후 종 지
子曰, 先行其言이요 而後從之니라.

○ 풀이   자공이 군자에 대해서 묻자 공자께서 말씀하셨다.
"말하고자 하는 바를 먼저 실천하고, 그 후에 말하는 사람이 군자니라."

○ 해설   말하기는 쉬워도 실천하기는 어렵다. 그러므로 군자의 자질에 대한 자공의 질문에 공자는 먼저 행동으로 실천하고 말은 나중에 하라고 가르치고 있다. 먼저 실천하고 말은 나중에 하라고 한 것은 변설에 뛰어난 자공이 말이 너무 앞섰던 것으로 추측이 된다. 이렇게 공자는 제자의 개성에 맞게 지도하였다.

🔲 군자의 사귐은 두루 통해야 한다

자 왈 군 자 주 이 불 비 소 인 비 이 부 주
子曰, 君子는 周而不比하고 小人은 比而不周니라.

○ 풀이 공자께서 말씀하셨다.
"군자의 사귐은 원만하게 두루 통하므로 한편에 치우치지 않고, 소인은
한편에 치우치므로 두루 통하지 못한다."

○ 해설 군자는 도의를 가장 높이 친다. 군자가 만약에 용감하기만 하고
도의를 저버리면 난을 일으키게 될 것이다. 소인이 용감하기만 하고 도
의를 저버리면 도적질을 하게 된다.

🔲 진리의 빛

자 왈 학 이 불 사 즉 망 사 이 불 학 즉 태
子曰, 學而不思則罔하고, 思而不學則殆니라.

○ 풀이 공자께서 말씀하셨다.
"배우기만 하고 생각하지 아니하면 아는 것이 없고, 생각하되 배우지 아
니하면 독단에 빠져 위태롭다."

○ 해설 사람은 배워야 한다. 특히 고전을 배워야 한다. 남한테 배우기만
하고 자기 스스로 생각하지 않으면 진리(眞理)의 빛은 보이지 않는다. 자
기 스스로 생각만 하고 남한테 배우지 않으면, 사리(事理)를 독단(獨斷)으

로 처리할 위험이 있다.

이단을 배우면 해롭다

자 왈 공 호 이 단   사 해 야 이
子曰, 攻乎異端이면 斯害也已니라.

○ 풀이   공자께서 말씀하셨다.
"이단을 위해 힘을 쏟아 연구하면 해로울 뿐이다."

○ 해설   유교는 '인간의 선본성(善本性)을 계발하고 덕을 쌓고 더 나아가 남을 잘살게 해주는 수기치인(修己治人)'을 강조한다. 그러므로 유교를 정통이라고 하는 것이다. 한편 무(無)를 강조하는 도가(道家)사상이나 철저한 개인주의를 강조하는 양자 및 무차별적 겸애(兼愛)를 주장하는 묵자를 이단이라고 보았다.

論語爲政 앎과 모름을 가려야 한다

자왈 유   회여지지호
子曰, 由야! 誨女知之乎인저?

지지위지지   부지위부지   시지야
知之爲知之오 不知爲不知이 是知也니라.

○ 풀이   공자께서 말씀하셨다.

"유야! 너에게 안다는 것이 무엇인가를 가르쳐 주마. 아는 것을 안다고 하고 모르는 것을 모른다고 하는 것, 이것이 바로 아는 것이니라."

○ 해설   자로는 경솔하여 신중하지 못하고 또 모르는 것도 아는 척하고 나섰다. 그러므로 공자가 '앎과 모름'을 잘 가리라고 충고하였다.

論語爲政 녹(벼슬)을 얻는 방법

자장   학간녹   자왈 다문궐의   신언기여
子張이 學干祿한대, 子曰, 多聞闕疑오, 愼言其餘면

즉과우   다견궐태   신행기여 즉과회
則寡尤이며 多見闕殆오 愼行其餘 則寡悔니

언과우   행과회   녹재기중의
言寡尤하며 行寡悔면 祿在其中矣니라.

○ 풀이   자장이 벼슬[녹(祿)]을 얻는 방법을 배우려 하자 공자께서 말씀하셨다.

"많이 듣되 의아스러운 것은 제외하고 그 나머지를 신중히 말하면 허물이 적을 것이다. 또 많이 보되 미심쩍은 것은 제외하고 그 나머지만 신중히 행하면 후회하는 일이 적을 것이다. 말에 허물이 적고, 행동에 후회가 적으면 녹(벼슬)은 스스로 얻게 마련이다."

論語 올곧은 사람을 써야 한다
爲政

애공 문왈 하위 즉민복
哀公이 問曰, 何爲 則民服이니까?

공자대왈 거직조제왕 즉민복
孔子對曰, 擧直錯諸枉이면 則民服하고

거왕조제직 즉민부복
擧枉錯諸直이면 則民不服이니이다.

○ 풀이　애공이 물었다.

"어떻게 하면 백성들이 잘 따르겠습니까?"

공자께서 대답하셨다.

"올바르고 곧은 사람을 등용시켜 그릇된 사람의 위에 쓰면 백성들이 따르고, 그릇된 사람을 등용하여 바르고 곧은 사람의 위에 쓰면 백성들은 따르지 않습니다."

○ 해설　애공은 노나라의 임금으로 공자에게 백성들이 따르게 하려면 어떻게 해야 하느냐고 물었다. 그러자 공자는 "바른 사람을 등용해야 한다. 간악하고 악덕한 사람이 등용되면 나라가 어지럽다. 선인이 못살고

악인이 잘살면 사회정의가 전도되고 그 결과는 통치체제가 붕괴된다."고
대답했다.

🔲 위정자의 조건

계 강 자 문 사 민 경 충 이 권   여 지 하
季康子問, 使民敬忠以勸이면 如之何이까?

자 왈 임 지 이 장 즉 경   효 자 즉 충
子曰, 臨之以莊 則敬하고 孝慈則忠하고

거 선 이 교 불 능 즉 권
舉善而敎不能 則勸이니라.

○ 풀이   계강자가 물었다.

"백성들이 윗사람을 공경하고 충성을 다하며 부지런히 일하도록 권하려
면 어떻게 해야 합니까?"

공자께서 말씀하셨다.

"위정자가 백성을 대함에 위엄이 있으면 그들이 공경하게 되고, 효와 자
애로운 태도를 보이면 그들이 충성스러워지며, 능력 있는 사람을 등용하
여 무능한 사람을 가르치도록 하면 백성들도 저절로 선행을 힘쓰게 될
것입니다."

論語 爲政 인(仁)의 실현이 곧 정치이다

혹　위공자왈　자　해불위정
或이 謂孔子曰, 子奚不爲政이니까?

자왈　서운　효호　유효　우우형제　시어유정
子曰, 書云 孝乎인저! 惟孝하며 友于兄弟하며 施於有政이라.

시역위정　해기위위정
是亦爲政이니 奚其爲爲政이리오?

○ 풀이　　어떤 사람이 공자에게 물었다.
"선생님은 어찌하여 정치에 관여하지 않으십니까?"
공자께서 말씀하셨다.
"『서경』에 이르기를, 어버이에게 효도하며 형제끼리는 우애 있게 지내면
이게 바로 정사를 베푸는 것이라 하였소. 그러므로 어찌 직접 정치에 관
여하는 것만이 위정이라 하겠소?"

○ 해설　　공자의 정치관은 인(仁)을 실현하는 것이다. 인은 인심(仁心)에서
우러나오는 덕행이다. 즉 서로 사랑하고 협동하여 하나의 공동체를 이루
고, 함께 번영하고 발전할 수 있는 바탕이 된다. 공자는 효제를 실천하면
곧 인정(仁政)에 참여하고 있는 것이라고 여겼다.

신의가 없다면 그 어디에도 쓸모가 없다

자 왈　인 이 무 신　　부 지 기 가 야
子曰, 人而無信이면 不知其可也라.

대 거 무 예　　소 거 무 월　　기 하 이 행 지 재
大車無輗하며 小車無軏이면 基何以行之哉리오?

○ 풀이　공자께서 말씀하셨다.

"사람에게 신의가 없다면 어디에도 쓸모가 없다. 만약 (소가 끄는) 큰 수레에 소의 멍에가 없거나, (말이 끄는) 작은 수레에 멍에 갈고리가 없으면 무엇으로 그것을 끌고 가겠는가?"

○ 해설　사람은 신의(信義)를 지켜야 한다. 바르게 말하고 바르게 행동해야 한다. 그래야 함께 사는 공동생활을 영위할 수가 있다.

⬛ 십 세대 이후의 일

자 장   문   십 세 가 지 야
子張이 問, 十世可知也이니까?

자 왈   은 인 어 하 례   소 손 익 가 지 야   주 인 어 은 례
子曰, 殷因於夏禮하니 所損益可知也하며 周因於殷禮하니

소 손 익 가 지 야   기 혹 계 주 자   수 백 세 가 지 야
所損益可知也이니 其或繼周者면 雖百世可知也니라.

○ 풀이   자장이 물었다.

"앞으로 열 세대(십 대(十代)) 이후의 일을 알 수 있겠습니까?"

공자께서 말씀하셨다.

"은나라는 하나라의 예와 법도를 따랐으니 비교해 보면 없앤 것과 보탠 것을 알 수 있고, 주나라는 은나라의 예와 법도를 따랐으니 또한 없애고 보탠 것을 알 수 있다. 만약 어떤 사람이 주나라를 이어받는다면 설사 백 세대 이후라 할지라도 알 수 있을 것이다."

○ 해설   하·은·주, 세 왕조를 삼대(三代)라고 한다. 각 왕조는 성왕에 의해 건국되고, 천도를 따라 이상적인 정치를 폈다. 그러나 말기에는 포악 무도한 악덕 군주에 의해 멸망했다.

도의(道義)의 실천이 진정한 용기이다

자왈   비 기 귀 이 제 지   첨 야
子曰, 非其鬼而祭之이 諂也요

견 의 불 위   무 용 야
見義不爲이 無勇也라.

○ 풀이   공자께서 말씀하셨다.

"자기 조상의 혼령이 아닌데도 제사를 지내는 것은 아첨함이요, 자기가 행해야 할 옳은 일을 보고도 행하지 않는 것은 용기가 없음이다."

○ 해설   공자는 하늘의 도리가 행해지는 경우에만 벼슬하고 녹봉을 받으라고 말했다. 도의(道義)를 따르고 지키고 실천하는 것이 진정한 용기이다. 만용(蠻勇)을 부리고 폭력을 휘두르는 것은 참다운 용기가 아니다.

3장

예절과 문화

본 장은 논어의 제3편인 팔일(八佾)이다. 이는 '천자가 종묘에서 제사지낼 때 연주하는 무악(舞樂)의 이름'이다. 본 장에는 주로 예악(禮樂)에 관한 말씀으로, 노(魯)나라의 전통인 예절에 대한 제도와 주공(周公)의 문화를 해설하여 그 정신을 지킬 것을 역설했다.

論 語
八 佾

📖 천자의 제사를 읊은 시

삼 가 자 이 옹 철　　자 왈　상 유 벽 공
三家者以雍徹이러니 子曰, 相維辟公이어늘

천 자 목 목　　해 취 어 삼 가 지 당
天子穆穆을 奚取於三家之堂인고?

○ 풀이　　노나라의 세도가인 삼가자(三家者, 세 대부*) 집안에서 제사를 지
낸 후에 '옹'의 시를 읊었다. 이에 대해 공자께서 말씀하셨다.
"『시경』옹 편에, '제후들이 제사를 도와 받들고, 천자는 옥좌에서 그 위용
(威容)을 자랑하고 있도다.'라고 했다. 이 시를 어찌 세 대부 집안의 사당
에서 취하는가?"

○ 해설　　예(禮)의 격식은 신분에 따라 다르며, 저마다 엄격히 지켜야 한
다. 그러나 삼환(三桓)은 대부인데 천자의 격식을 취했다. 그래서 공자가
비판한 것이다.

📖 어진 마음이 없다면 예의는 의미가 없다

자 왈　인 이 불 인　　여 례 하　　인 이 불 인　　여 악 하
子曰, 人而不仁이면 如禮何오? 人而不仁이면 如樂何오?

○ 풀이　　공자께서 말씀하셨다.

───────────────

* 노나라를 혼란케 하고 권세를 독점하고 있는 삼환씨(三桓氏). 곧 맹손씨(孟孫氏), 숙손씨(叔孫氏), 계
손씨(季孫氏) 집안을 말함.

"사람으로서 어진 마음이 없다면 예의를 지키는 것이 무슨 의미가 있겠는가? 사람이 어질지 못하다면 음악을 한들 무슨 의미가 있겠는가?"

○ 해설 상도의와 고객을 사랑하는 마음이 없이 상품 개발을 하면 성공할 수 없다. 본인이 아무리 훌륭하다고 생각하는 제품이라도 고객의 호응을 얻지 못하면 아무 소용이 없다.

論語 八佾 예는 검소해야 한다

임방　문　예지본　　자왈　대재　문
林放이 問 禮之本한대 子曰, 大哉라 問이여!

예　　여기사야　　영검　　　상　　여기역야　　영척
禮는 與其奢也론 寧儉이오 喪은 與其易也론 寧戚이니라.

○ 풀이 임방이 예의 본질을 여쭙자 공자께서 말씀하셨다.
"어려운 질문이로다! 예는 사치스럽기보다는 차라리 검소해야 한다. 장례는 형식에 따르기보다는 진심으로 애통해야 한다."

○ 해설 모든 의식(儀式)은 형식 면에서 사치하게 꾸미는 것보다 경건한 마음으로 검소하고 알차게 치르는 것이 좋다. 장례를 치를 때에는 속에서 우러나오는 애도의 정을 바탕으로 차근차근 모든 절차를 차분하게 거행해야 한다.

論語八佾 천하의 중심을 차지하는 문화국가

자왈 이적지유군 불여제하지망야
子曰, 夷狄之有君이 不如諸夏之亡也니라.

○ 풀이　공자께서 말씀하셨다.

"오랑캐 나라에 임금이 있다 해도, 중화의 여러 나라에 임금이 없는 경우
보다 못하다."

○ 해설　중하(中夏) 혹은 중화(中華)라는 명칭은 천하의 중심을 차지하는
문화국가라는 뜻이다. 여름 하(夏)는 여름에 나무가 자라고 잎이나 꽃이
무성하다는 뜻으로 꽃 화(華)와 통한다. 한편 주변에 있는 야만족을 일컬
어 오랑캐라고 일컬었다. 즉 동이(東夷)·서융(西戎)·북적(北狄)·남만(南蠻)이
다 오랑캐이다. 그러므로 중하의 문화국가와는 근본적으로 다르다. 역사
적 사실로 노나라의 임금 소공(昭公)이 삼환씨(三桓氏)에 밀려, 국외로 망명
하고 7년간 임금이 없었다. 그래도 노나라는 주공단(周公旦)이 세운 문화
국으로 오랑캐와는 격이 다르다는 것을 공자가 강조한 말이다.

論語八佾 예에 맞지 않는 제사

계 씨 여 방 태 산   자 위 염 유 왈   여 불 능 구 여
季氏旅於泰山이러니, 子謂冉有曰, 女弗能救與아?

대 왈   불 능
對曰, 不能이로소이다.

자 왈   오 호   증 위 태 산   불 여 임 방 호
子曰, 嗚呼라! 曾謂泰山이 不如林放乎아?

○ 풀이   계손씨가 태산에서 산신제를 지내려 하자, 공자께서 (계씨의 가신인) 염유에게 말씀하셨다.
"자네는 계씨의 잘못을 말릴 수 있겠느냐?"
염유가 대답하였다.
"제 힘으로는 불가합니다."
공자께서 말씀하셨다.
"아, 어찌 태산의 산신이 임방만 못하여 예에 맞지 않는 제사를 받고 좋아할 것이라 생각하는가?"

○ 해설   태산의 신이 임방만큼도 예를 모를 거라고 생각하느냐? 태산의 신은 영험하다. 그러므로 무도한 제사를 받지 않는다. 그런즉 '네가 계씨에게 무도한 제사를 지내도 아무 소용이 없다고 말해서 지내지 못하게 하라.'는 뜻이다.

鑰諾八佾 군자는 다투지 않는다

자 왈 군 자 무 소 쟁   필 야 사 호
子曰, 君子無所爭이니 必也射乎인저!

읍 양 이 승   하 이 음   기 쟁 야 군 자
揖讓而升하여 下而飮하나니 其爭也君子니라.

○ 풀이 공자께서 말씀하셨다.

"군자는 다투는 일이 없다. 굳이 다툰다고 한다면 그것은 활 쏘기로다.
서로 절하고 사양하며 활 쏘는 자리에 오르고 내려와 벌주를 마시니, 그
다투는 모습이 군자답다."

鑰諾八佾 덕성을 갖춘 뒤에 예가 따라야 한다

자 하 문 왈   교 소 천 혜   미 목 반 혜   소 이 위 현 혜
子夏問曰, 巧笑倩兮며 美目盼兮여 素以爲絢兮라 하니

하 위 야   자 왈 회 사 후 소   왈   예 후 호
何謂也이니까? 子曰, 繪事後素*니라. 曰, 禮後乎인저?

자 왈 기 여 자   상 야   시 가 여 언 시 이 의
子曰, 起予者는 商也라! 始可與言詩已矣로다.

○ 풀이 자하가 공자께 여쭈었다.

"시에 '방긋 웃는 입모습 아름답고, 아리따운 검은 눈동자, 샛별같이 빛나

---

* 주자(朱子)의 『집주』는 '회사후소(繪事後素)'를 다음과 같이 풀었다. '그림을 그리는 일은 소(素) 다음에
한다. 먼저 흰 가루를 바닥에 뿌리어 바탕을 만들고 그 다음에 채색을 한다. 마치 사람의 경우 좋은 바
탕이 있은 다음에 문화적으로 꾸밀 수 있음과 같다.'

는데, 그윽하게 풍기는 화장 냄새여!'라는 것은 무엇을 말하는 것입니까?"

공자께서 말씀하셨다.

"그림을 그릴 경우를 두고 말한다면, 훌륭한 그림이 그려지고 나서, 그 끝마무리로 호분(胡粉)을 뿌리는 것과 같은 거겠지."

자하가 말했다.

"덕성을 갖춘 뒤에 예가 따라야 한다는 뜻이군요."

공자께서 말씀하셨다.

"나를 일깨워주는 자는 상이로구나! 비로소 자네와 함께 시를 말할 수 있게 되었다."

○ 해설   그림을 그릴 때에는 먼저 흰 바탕이 마련된 뒤에 고운 색칠을 할 것이 순서이다. 이와 마찬가지로 예를 행하기에 앞서 먼저 인간으로서의 성실성을 갖추어야 한다. 다시 말하자면 인(仁)한 마음이 없는 자가 예(禮)로써 겉모습을 꾸미는 것은 남을 속이는 행위일 뿐이다.

論語八佾 예를 증명하기에 부족한 문헌

자 왈　하 례　　오 능 언 지　　기 부 족 징 야　　은 례　　오 능 언 지
子曰, 夏禮를 吾能言之나 杞不足徵也며 殷禮를 吾能言之나

송 부 족 징 야　　문 헌 부 족 고 야　　족 즉 오 능 징 지 의
宋不足徵也는 文獻不足故也니 足則吾能徵之矣니라.

○ 풀이   공자께서 말씀하셨다.

"하나라의 예는 내가 이야기할 수 있지만, 그 후예인 기나라의 예는 증명

하기에 부족하고, 은나라의 예에 대해서도 내가 말할 수는 있지만, 그 후예인 송나라의 예는 증명하기에 부족하다. 이것은 문헌이 부족한 까닭이다. 문헌이 충분하다면 내가 그것을 증명할 수 있을 것이다."

論語 八佾 예법에 어긋난 제사

자 왈　체　자 기 관 이 왕 자　오 불 욕 관 지 의
子曰, 禘, 自旣灌而往者는 吾不欲觀之矣로라.

○ 풀이　공자께서 말씀하셨다.
"체제(禘祭)*를 지낼 때, 술을 땅에 부으며 신의 강림을 청하는 절차 이후의 것을 나는 보고 싶지 않다."

○ 해설　'울창주를 뿌릴 때까지는 제사를 지내는 노나라의 군신들이 정성을 들이고 긴장하지만, 그 다음에는 군신들이 해이해지고 정성이 부족하므로 볼 수 없다고 한 것이다.' 결국 예법에도 어긋나고 정성도 부족하여 비례(非禮) 중에서도 비례이기 때문에 공자가 보지 않겠다고 한 것이다.

● 천자만이 종묘에서 하늘과 함께 시조(始祖)를 모시는 큰 제사다. 주(周) 성왕(成王)이 주공단(周公旦)에게만 특별히 체제를 허락했다. 노(魯)나라는 제후국이었기 때문에 체제(禘祭)를 지낼 수 없는데, 그 시조인 주공이 주나라에 대해 공로가 크다는 이유로 성왕이 특별히 허락하여 주공과 그의 조상인 문왕에게 체제를 지낼 수 있게 되었다.

천하를 다스리는 일

혹 문 체 지 설　　자 왈　부 지 야　　지 기 설 자 지 어 천 하 야
或問禘之說한대 子曰, 不知也로라. 知其說者之於天下也에

기 여 시 제 사 호　　　　지 기 장
其如示諸斯乎인저 하고! 指其掌하시다.

○ 풀이　어떤 사람이 체제(禘祭)의 이치를 물어보자, 공자께서는 "모르
겠소. 그 이치를 아는 사람이라면 천하를 다스리는 일은 이것을 보는 것
과 같을 것이오!"라고 하면서 자신의 손바닥을 가리키셨다.

○ 해설　노나라의 어느 실권자가 건방지게 체제에 대한 말을 묻자, 공자
는 '나는 모르겠소.' 하고 외면하고, '체제는 천하를 다스리는 제사'임을
암시했다.

부모에 대한 공경은 생사를 통하여 같아야 한다

제 여 재　　　제 신 여 신 재
祭如在하시며 祭神如神在러시다.

자 왈　오 불 여 제　　여 불 제
子曰, 吾不與祭면 如不祭니라.

○ 풀이　공자는 조상들에게 제사를 지낼 때에는 조상이 살아계신 듯 정
성스럽게 하고, 산천의 신을 모실 때는 신이 앞에 있는 듯 경건해야 한다
고 했다.

공자께서 말씀하셨다.

"내 자신이 제사에 직접 참여하지 않으면 제사를 지내지 않은 것과 같다."

○ 해설　선조나 부모에 대한 공경과 봉양은 생사(生死)를 통하여 여일(如
一)하게 해야 한다. 생시(生時)에도 잘 모시고 사후(死後)에도 잘 모셔야 한
다. 그러므로 장례(葬禮)와 제사(祭祀)를 강조한다. 돌아가신 부모에 대하
여 애도하는 심정과 감사하는 마음과 과거를 회상하며 느끼는 여러 가지
정서를 함께 모아 경건하게 제사를 지내야 한다. 그러면 새삼 고인이 살
아 있는 모습 그대로 나타날 것이다.

論語 八佾 하늘에 죄를 지으면 빌 곳이 없다

왕손가문왈　여기미어오로는　영미어조라　하니　하위야잇가.
王孫賈問曰, 與其媚於奧로는 寧媚於竈라 하니 何謂也잇가.

자왈　불연하다,　획죄어천이면　무소도야니라.
子曰, 不然하다, 獲罪於天이면 無所禱也니라.

○ 풀이　왕손가가 물었다.

"'방안에 아첨하느니 차라리 부엌에 아첨하라.'고 하는 말은 무엇을 의미
합니까?"

공자께서 말씀하셨다.

"그렇지 않소. 하늘에 죄를 지으면 빌 곳이 없는 법이오."

○ 해설　공자가 위(衛)나라에 갔을 때, 왕손가는 위나라의 군사권을 장악

한 실력자였다. 그가 속담을 들먹이며 은근히 '자기를 섬기라.'는 뜻을 비치자, 공자는 따끔하게 일침을 가했다.

"하늘 앞에 죄를 지으면, 용서를 빌 곳이 없다."

이때의 하늘을 공자는 이(理)라 풀었다. 공자는 참월(僭越)한 왕손가의 비례(非禮)와 야심을 눈치 채고 하늘이 있음을 알려주었다.

🔲 예악을 따르리라

자 왈   주 감 어 이 대   욱 욱 호 문 재   오 종 주
子曰, 周監於二代하니 郁郁乎文哉라! 吾從周하리라.

○ 풀이   공자께서 말씀하셨다.

"주나라는 하 · 은 두 나라를 본보기로 삼아 문화가 찬란하도다! 나는 주나라의 예악을 따르리라."

○ 해설   주나라 집정자의 정치사상은 백성이 유복하게 살도록 보호하고 그런 덕을 공경하는 것이었다. 또 인의에 바탕을 둔 새것을 더하여 다듬어진 것이라고 공자는 믿었다. 그래서 주나라의 찬란한 예악을 준수하겠다고 선언한 것이다.

論語 누가 예를 안다고 하였는가
八佾

자 입 태 묘　　　　매 사 문　　　혹 왈　숙 위 추 인 지　　자 지 례 호
子入大廟하사 每事問하신대 或曰, 孰謂鄹人之를 子知禮乎아?

입 대 묘　　매 사 문　　자 문 지　　왈　시 례 야
入大廟하여 每事問하니. 子聞之하시고 曰, 是禮也니라.

○ 풀이　　공자께서는 태묘에 들어가 제사지낼 때, 모든 일을 일일이 물으셨다. (그러자) 어떤 사람이 말하였다.

"누가 저 추인의 아들이 예를 안다고 하였는가? 태묘에 들어가 일일이 묻더라."

공자께서 이 말을 들으시고 말씀하셨다.

"그것이 바로 예이니라."

論語 힘을 쓰는 정도가 다르다
八佾

자 왈　사 부 주 피　　위 력 부 동 과　　고 지 도 야
子曰, 射不主皮는 爲力不同科니 古之道也니라.

○ 풀이　　공자께서 말씀하셨다.

"활쏘기를 할 때, 과녁의 가죽을 꿰뚫는 데 주력하지 않는 것은 사람마다 힘을 쓰는 정도가 다르기 때문이다. 이것이 옛날의 궁도였다."

○ 해설　　여기서 말하는 사(射)는 전쟁이나 사냥을 위한 활쏘기가 아니고, 군자들이 거행하는 사례(射禮)로 대사(大射)·연사(燕射)·향사(鄕射) 등이다.

대사는 천자가 주최하고, 연사는 제후가 주최하고, 향사는 지방의 장이 주최한다. 사례는 예악(禮樂)에 맞추어 거행하는 일종의 의식이다.

[論語八佾] 그 예를 더 중하게 여겨라

자공　욕 거 곡 삭 지 희 양
子貢이 欲去告朔之餼羊한대

자 왈　사 야　이 애 기 양　　아 애 기 례
子曰, 賜也아 爾愛其羊이나 我愛其禮니라.

○ 풀이　자공이 매월 초하루에 지내는 곡삭제에 양을 바치는 것을 없애려 하자, 공자께서 말씀하셨다.

"사야, 너는 그 양을 아까워하지만, 나는 그 예를 더 중하게 여긴다."

○ 해설　노나라에서는 문공(文公) 이래 임금이 친히 고삭례를 거행하지 않고 형식적으로 희생양만 제물로 바쳤다. 그래서 경제에 밝은 자공이 희생양을 그만두자고 말한 것이다. 그러나 공자는 '형식적인 예라도 지켜야 한다. 그러면 실질적인 예가 부흥된다.'는 생각으로 '나는 예를 사랑하고 중하게 여긴다.'고 말한 것이다. 재물보다 전통과 제례를 존중하라는 뜻이다.

군주를 섬기며 예를 다하라

자왈 사군진례   인이위첨야
子曰, 事君盡禮를 人以爲諂也로다.

○ 풀이 공자께서 말씀하셨다.

"군주를 섬기며 예를 다한다는 것은 지극히 당연하다. 그런데도 사람들은 그것을 두고 아첨한다고 말하고 있구나."

○ 해설 공자는 한때 노나라에서 벼슬을 하고 임금을 섬겼다. 공자는 천도(天道)·천리(天理)를 따라 정성과 충성을 다해서 임금을 섬기고 덕정(德政)을 펴려고 진력했다. 그러나 당시 노나라의 실권은 삼환씨(三桓氏)가 잡고 전횡무도했는데 노나라 임금을 무시했으며, 다른 많은 선비들도 그들 밑에서 녹봉을 받아먹고 있었다. 그러므로 공자가 노나라 임금을 섬기고, 충성하는 것을 도리어 아첨한다고 오해하고 비난의 말을 했던 것이다.

임금과 신하의 도리

정공문 군사신 신사군 여지하
定公問, 君使臣하며 臣事君하되 如之何이까?

공자 대왈 군사신 이 례 신사군 이 충
孔子對曰, 君使臣以禮하며 臣事君以忠이니이다.

○ 풀이 정공이 물었다.

"임금이 신하를 부리고 신하가 임금을 섬기는 것은 어떻게 해야 합니까?"

공자께서 말씀하셨다.

"임금은 예로써 신하를 부리고 신하는 충성으로써 임금을 섬겨야 합니다."

○ 해설 임금이 포악무도한데 신하가 그에게 충성을 한다면, 결과적으로는 임금의 범죄적 악덕을 조장해 주는 꼴이 된다. 그러한 충성은 진정한 충성이 아니고 악덕 범죄에 가담하는 꼴이 된다.

정도에 지나치지 않아야 한다

자 왈 관 저 낙 이 불 음 애 이 불 상
子曰, 關雎는 樂而不淫하고 哀而不傷이니라.

○ 풀이 공자께서 말씀하셨다.

"『시경』의 관저편은 즐거우나 정도에 지나치지 않고, 애처로우나 마음을 상하게 하지는 않았다."

관저편의 시편을 '낙이불음(樂而不淫)'이라고 평할 수는 있어도, '애이불상(哀而不傷)'이라고 평할 수는 없다. 따라서 공자가 '관저(關雎)'라고 한 뜻도 좁게 관저편의 시를 논한 것이 아니고, '관저로 시작되는『시경』'이란 뜻으로 볼 수 있다.

지나간 과거는 탓하지 말라

애공   문 사 어 재 아   재 아 대 왈   하 후 씨   이 송
哀公이 問社於宰我한대 宰我對曰, 夏后氏는 以松이요,

은 인   이 백   주 인   이 율   왈 사 민 전 률
殷人은 以柏이요 周人은 以栗이니 曰 使民戰栗이니이다.

자 문 지   왈 성 사   부 설   수 사   불 간   기 왕   불 구
子聞之하시고 曰, 成事라 不說하며 遂事라 不諫하며 旣往이 不咎로다.

○ 풀이   애공이 재아에게 사단(社壇)에 심는 나무에 관하여 묻자 재아가 대답하였다.

"하나라 시대에는 소나무를 심었고, 은나라 시대에는 잣나무를 심었으며, 주나라 시대가 되어서는 밤나무를 심었습니다. 밤나무를 심음은 백성들을 전율(戰慄)케 하려는 것이었다고 합니다."

공자께서 이를 들으시고 말씀하셨다.

"이루어진 일은 논하지 않고 끝난 일은 따지지 않으며, 이미 지나간 과거는 탓하지 않는 법이다."

○ 해설   충분한 증거가 없이 음이 같은 것만 가지고 함부로 말해버린 재

아의 경솔함을 경계한 말이다. 은나라의 사수는 백(柏)이라고 대답하면
될 것을 재아가 하나라의 사수는 송(松)이고, 주나라의 사수는 율(栗)이라
고 늘어놓고, 특히 '주나라에서 밤나무를 심은 것은 백성들을 떨게 하기
위해서다.'라고 군소리까지 덧붙였다. 뒤에 그런 말을 듣고 공자가 못마
땅하게 여기며 "이미 지나간 일이니, 어쩔 수 없다."라고 말했으나, 재아
를 크게 꾸짖은 것이다.

관중의 도량이 작은 까닭

자왈 관중지기소재 　 혹 　 왈 관중 　 검호
子曰, 管仲之器小哉라. 或이 曰, 管仲은 儉乎이까?

왈 관씨유삼귀 　 관사 　 불섭 　 언득검
曰, 管氏有三歸하며 官事를 不攝하니 焉得儉이리오.

연즉관중 　 지례호
然則管仲은 知禮乎이까?

자왈 방군 　 수색문 　 관씨역수색문
子曰, 邦君이야 樹塞門이어늘 管氏亦樹塞門하며

방군 　 위양군지호 　 유반점 　 관씨역유반점
邦君이 爲兩君之好에 有反坫이어늘 管氏亦有反坫하니

관씨이지례 　 숙부지례
管氏而知禮면 孰不知禮리오?

○ 풀이 　 공자께서 말씀하셨다.

"관중은 그릇이 작은 사람이다."

어떤 사람이 물었다.

"관중은 검약했습니까?"

공자께서 말씀하셨다.

"관중은 아내를 세 명이나 두고 부하에게 겸직을 시키지 않았으니 어찌 검약하다고 하겠소?"

"그럼 관중은 예를 알았습니까?"

공자께서 대답하셨다.

"임금이 나무로 문을 가리는 가림벽을 세우면 관씨도 가림벽을 세웠고, 임금이 두 나라 사이의 우호증진을 위해 두 임금이 함께 연회를 할 때 술

잔을 엎어놓는 잔대를 설치하자, 관씨도 잔대를 설치하였다. 이러한 관씨가 예를 알았다면 그 누가 예를 모른다고 하겠는가?"

○ 해설   관중(管仲)은 관포지교(管鮑之交)로 알려진 정치가다. 정치적 수완이 탁월하여 제나라의 환공(桓公)을 패자(覇者)가 되게 했다. 『논어』에도 공자가 관중의 정치적 업적을 인정한 글이 보인다. 그러나 여기서는 '관중은 기량이 좁은 사람이다.'라고 평했다. 즉 왕도덕치(王道德治) 면에서 보면 관중의 도량이 작다는 뜻이다. 관중은 대부의 신분으로 '삼귀대(三歸臺)'를 설치하고, 가신들에게 겸직을 하지 않도록 하고, 병장(屏障)을 세우고 또 반점(反坫)을 설치한 것들이 다 도리에 어긋남을 지적한 것이다.

論語 八佾   전체가 조화되어야 한다

자 어 로 대 사 악   왈   악   기 가 지 야   시 작   흡 여 야
子語魯大師樂 曰, 樂은 其可知也니 始作에 翕如也하여

종 지   순 여 야   교 여 야   역 여 야   이 성
從之에 純如也하며 皦如也하며 繹如也하여 以成이니라.

○ 풀이   공자께서 노나라 대사에게 음악에 대하여 말씀하셨다.
"나도 음악을 알 만합니다. 처음 시작할 때는 여러 가지 소리가 합해지고 소리가 이어지면서 조화를 이루며, 음이 분명해지면서 끊임없이 지속되어 한 곡이 완성됩니다."

○ 해설   공자는 예와 더불어 악에도 통달했다. 그러므로 노나라의 악관

장(樂官長)에게 음악 연주에 대한 말을 한 것이다. 전체적으로는 성대하게 연주하되 각 악기 소리를 분명하게 내면서 전체가 조화되어야 한다. 그리고 부드럽게 연주를 맺으라고 했다.

論語入傳 왕도정치(王道政致)와 인정(仁政)의 구현

의 봉 인   청 현 왈   군 자 지 지 어 사 야   오 미 상 부 득 현 야
儀封人이 請見曰, 君子之至於斯也에 吾未嘗不得見也로라.

종 자 현 지   출 왈   이 삼 자   하 환 어 상 호
從者見之한대 出 曰, 二三子는 何患於喪乎리오?

천 하 지 무 도 야 구 의   천 장 이 부 자 위 목 탁
天下之無道也久矣라 天將以夫子爲木鐸이시리라.

○ 풀이   의(儀)의 봉인이 공자를 뵙고자 청하며 말했다.

"군자가 이곳에 오면 내가 만나 뵙지 못한 적이 없었습니다."

공자를 모시던 제자들이 뵙도록 안내해 주었더니, 뵙고 나와서 말하였다.

"그대들은 어찌하여 공자께서 벼슬이 없음을 걱정하십니까? 천하에 도가 없어진 지 오래라, 하늘이 장차 선생님을 세상의 목탁으로 삼으려는 것입니다."

○ 해설   의(義)의 봉인은 공자가 성인이 될 것을 알았다. 공자는 왕도정치(王道政致)와 인정(仁政)을 구현하려는 성인이었다.

4장

공자의 인덕(仁德)

본 장의 이인(里仁)은 '인에 산다, 인에 처하다.'로 풀이한다. 즉 '자신의 몸이나 마음을 인의 경지에 있게 한다.'는 뜻이다. 한마디로 인(仁)이라고 하지만, 그 속에는 '인심(仁心)·인행(仁行)·인덕(仁德)'이 다 포함되어 있다. '이인(里仁)'은 '어진 마음을 지니고 어질게 행동하고 인덕을 세우다.'의 뜻을 모두 포함하고 있다. 제4장은 공자의 근본 사상인 인덕(仁德)에 관한 내용이 주류를 이룬다.

論 語
里 仁

인자(仁者)가 살고 있는 마을

자 왈   이 인 위 미   택 불 처 인   언 득 지
子曰, 里仁爲美하니 擇不處仁이면 焉得知리오?

○ 풀이   공자께서 말씀하셨다.

"사람이란 환경에 감화되게 마련이므로, 인후(仁厚, 친절)한 마을에서 사는 것은 아름다운 일이다. 인(仁)한 마을을 잘 선택하여 거처하지 않는다면 어찌 지혜롭다 하겠는가?"

○ 해설   주자는 '자기가 거처할 마을을 택하여 살면서, 자신이 인에 처하지 않는다면 시비를 분별하는 본심을 잃는 것이 되며, 따라서 지혜를 얻었다고 할 수 없다.'고 하였다. 공자가 최고의 덕목으로 내세운 인(仁) 속에는 여러 가지 많은 덕목(德目)이 포함되어 있다. 특히 최고의 덕목인 '큰 인'속에는 '지(知)·인(仁)·용(勇)'을 다 갖춘 군자(君子)라야 한다. '총명하고 적극적으로 남을 사랑하고 정의를 과감하게 실천하는 사람'이라야 비로소 인자라 할 수 있다.

📕 어질고 지혜로운 사람

자 왈 불 인 자   불 가 이 구 처 약   불 가 이 장 처 락
子曰, 不仁者는 不可以久處約이며 不可以長處樂이니

인 자   안 인   지 자   이 인
仁者는 安仁하고 知者는 利仁이니라.

○ 풀이   공자께서 말씀하셨다.

"마음이 어질지 못한 사람은 오랫동안 역경에 이겨내지 못하고, 또 오랫
동안 안락하게 지내지도 못한다. 어진 사람은 인(仁)에 안주하고 지혜로
운 사람은 인(仁)을 이롭게 여겨 이용한다."

○ 해설   어질지 않은 사람은 '본성적인' 인심(仁心)을 상실했으므로 곤궁한
처지에 오래 있게 되면 반드시 문란하게 되고, 반대로 오래 안락과 부귀를
누리면 반드시 교만하고 음란하게 된다. 그리고 슬기로운 사람은 인이 이
롭다는 것을 알아 인을 이용한다. 그리고 변함없이 인도(仁道)를 지킨다.

📕 사람을 사랑할 줄 아는 사람

이 인 유 인 자   능 호 인   능 오 인
子曰, 惟仁者이 能好人하며 能惡人이니라.

○ 풀이   공자께서 말씀하셨다.

"오직 어진 사람[인자(仁者)]만이 (참되게) 사람을 사랑할 줄도 알고, 또한
미워할 줄도 안다."

論語 里仁 끊임없이 인(仁)에 뜻을 두어야 한다

자 왈   구 지 어 인 의   무 악 야
子曰, 苟志於仁矣면 無惡也이니라.

○ 풀이   공자께서 말씀하셨다.

"끊임없이 인(仁)에 뜻을 둔다면 악한 일은 하지 않을 것이다."

論語 里仁 군자의 의연한 자세

자 왈   부 여 귀 시 인 지 소 욕 야
子曰, 富與貴是人之所欲也나

불 이 기 도 득 지   불 처 야
不以其道得之어든 不處也하며

빈 여 천 시 인 지 소 오 야   불 이 기 도 득 지   불 거 야
貧與賤是人之所惡也나 不以其道得之라도 不去也니라.

군 자 거 인   오 호 성 명
君子去仁이면 惡乎成名이리오?

군 자 무 종 식 지 간 위 인
君子無終食之間違仁이니

조 차   필 어 시   전 패   필 어 시
造次에 必於是하며 顚沛에 必於是니라.

○ 풀이   공자께서 말씀하셨다.

66

"부유함과 귀함은 누구나 탐내는 바지만, 정당한 방법으로 얻은 것이 아니면 누리지 마라. 가난함과 천함은 누구나 싫어하는 바지만, 부당하게 그렇게 되었다 하더라도 구태여 마다하지 마라. 군자가 인(仁)을 떠난다면 어디에서 명예를 이루겠는가? 군자는 밥 한 끼 먹는 짧은 시간에도 인(仁)을 어기지 말아야 하고, 아무리 다급한 때라도 반드시 인에 근거해야 하며, 넘어지고 뒤집히는 매우 위태롭고 위급한 순간에도 인(仁)에 근거해야 한다."

○ 해설　절대선의 도가 행해지는 세상에서는 당연히 인자(仁者)가 부귀를 누리고 불인자(不仁者)가 빈천하게 마련이다. 그러나 악덕한 사회에서는 악인들이 무도하게 권력·지위·재물을 독점한다. 따라서 선량한 사람들이나 특히 인도를 굳게 지키는 인자나 군자들은 빈천에 몰리게 마련이다. 그렇다고 인자나 군자들마저 인도(仁道)를 버리고 무조건 부귀만을 추구하면 세상은 더욱 악화(惡化)될 것이다.

또한 군자는 '수사선도(守死善道)'해야 한다. 생명을 걸고 절대선의 인도(仁道)를 지키고 또 항상 어디에서나 인덕(仁德)을 세우도록 애써야 한다. 비록 곤궁한 처지에 떨어져도 악덕에 굴복하거나 타협하지 말고 안빈낙도(安貧樂道)하며, 인도(仁道)를 지키고 인덕(仁德)을 높이는 의연한 자세를 견지해야 한다.

📜 인을 좋아하는 사람

자 왈   아 미 견 호 인 자   오 불 인 자
子曰, 我未見好仁者와 惡不仁者로라.

호 인 자   무 이 상 지
好仁者는 無以尙之오

오 불 인 자   기 위 인 의   불 사 불 인 자   가 호 기 신
惡不仁者는 其爲仁矣에 不使不仁者로 加乎其身이니라.

유 능 일 일   용 기 력   어 인 의 호
有能一日에 用其力 於仁矣乎아?

아 미 견 력 부 족 자
我未見力不足者로라.

개 유 지 의   아 미 지 견 야
蓋有之矣어늘 我未之見也로라.

○ 풀이   공자께서 말씀하셨다.

"나는 지금까지 참으로 인을 좋아하는 사람이나 인하지 않음을 싫어하는 사람을 보지 못했다. 인을 좋아하는 사람은 더할 나위 없이 좋지만, 인하지 않음을 싫어하는 사람도 그가 인을 행함에 있어 인하지 않은 사람이 자신에게 영향을 미치도록 하지 않는다. 단 하루라도 힘을 쏟아 인을 행하려고 했는데, 힘이 모자라서 인을 이루지 못한 그런 사람을 나는 아직 보지 못했다. 그런 사람이 있을 법도 하나, 나는 아직 보지 못했다."

論語 里仁 그 사람의 인덕을 알 수 있다

자 왈 인 지 과 야   각 어 기 당   관 과   사 지 인 의
子曰, 人之過也는 各於其黨이니 觀過에 斯知仁矣니라.

○ 풀이 공자께서 말씀하셨다.

"사람의 과실에는 저마다의 유형이 있다. 그러므로 과실만 보고도 그 사
람의 인덕을 알 수 있다."

論語 里仁 들어서 깨달으면 죽어도 한이 없다

자 왈 조 문 도   석 사   가 의
子曰, 朝聞道면 夕死라도 可矣니라.

○ 풀이 공자께서 말씀하셨다.

"아침에 참다운 도(道)를 묻고, 들어서 깨달으면 저녁에 죽어도 한이 없
을 것이다."

○ 해설 공자의 말치고는 과격하긴 하지만 신념에 찬 말이기도 하여서,
듣는 사람으로 하여금 도(道)의 중요함을 알게 한다.

論語里仁 도를 논할 수 없는 사람

자왈　사지어도　이치악의악식자　　미족여의야
子曰, 士志於道 而恥惡衣惡食者는 未足與議也니라.

○ 풀이　　공자께서 말씀하셨다.
"모름지기 선비로서 도에 뜻을 두고도 나쁜 옷과 나쁜 음식을 부끄럽게
여긴다면 더불어 도를 논할 수 없다."

○ 해설　　선비나 군자는 학문과 덕행을 바탕으로 왕도덕치(王道德治)에 참
여하는 인자(仁者), 즉 휴머니스트다. 그러므로 그들은 물질적인 생활보다
내면적인 도덕생활을 중시해야 한다.

論語里仁 오직 의로움만을 따를 뿐이다

자왈　군자지어천하야　　무적야　　　무막야　　　의지여비
子曰, 君子之於天下也에 無適也하며 無莫也하여 義之與比니라.

○ 풀이　　공자께서 말씀하셨다.
"군자는 천하에서 반드시 그렇게 해야 한다고 고집하는 것도 없고, 절대
로 해서는 안 된다고 하는 것도 없으며, 오직 의로움만을 따를 뿐이다."

○ 해설　　군자는 모든 사람이나 사물을 공평무사하게 보고 또 처리한다.
사사로운 감정이나 이해관계에 매이면 자연히 시야가 편협하게 되고, 또
편파적 고집이나 주장을 하게 마련이다. 군자는 항상 대도(大道)와 대의

명분(大義名分)을 밝힌다. 그러므로 도를 기준으로 옳고 그름을 결정하며,
따라서 사람이나 이해에 따라 편협한 주장이나 고집을 세우지 않는다.

論語 里仁 군자의 행실

자왈　군자　　회덕　　　소인　　회토
子曰, 君子는 懷德하고 小人은 懷土하며

군자　　회형　　　소인　　회혜
君子는 懷刑하며 小人은 懷惠니라.

군자 성 인 지 미　　　불 성 인 지 악　　　소 인 반 시
君子成人之美하고 不成人之惡하며 小人反是니라.

○ 풀이　　공자께서 말씀하셨다.

"군자는 덕을 생각하고 소인은 땅을 생각하며, 군자는 형벌을 생각하고
소인은 은혜만 생각한다. 군자는 남의 아름다움을 이룩해 주고 남의 악
한 것을 이룩해 주지 않으며, 소인은 이와 정반대이다."

🔳 눈앞의 이득에는 의를 생각해야 한다

자 왈 방 어 리 이 행   다 원
子曰, 放於利而行이면 多怨이니라.

○ 풀이 공자께서 말씀하셨다.
"이익에 따라 행동하면 원한을 사는 일이 많아진다."

○ 해설 자신의 이익만을 취하면 남들과 상충하고 서로 싸우게 마련이
다. 사리사욕(私利私慾)에 눈이 멀어서 잔인하게 남을 밀어내고 나만의 이
득을 취하면 많은 사람의 원한을 산다.
공자께서 말씀하셨다.
"눈앞의 이득을 보면, 의를 생각하라(見利思議)."
인자(仁者)나 군자(君子)는 나만의 물질적인 이득보다 모든 사람을 잘살게
하는 인덕(仁德)을 앞세운다.

🔳 예(禮)의 핵심은 사양하는 마음

자 왈 능 이 예 양   위 국 호   하 유
子曰, 能以禮讓이면 爲國乎에 何有며

불 능 이 예 양 위 국   여 례 하
不能以禮讓爲國이면 如禮何리오?

○ 풀이 공자께서 말씀하셨다.
"예의와 겸양으로 나라를 다스릴 수 있다면 아무런 문제가 없다. 그러나
예와 겸양으로써 나라를 다스리지 못한다면 형식적인 예만 가지고 어찌

하겠느냐?"

○ 해설　예(禮)의 핵심은 사양하는 마음이다. 사양하는 마음은 인심(仁心)과 직접 통한다. 곧, 자기의 욕심을 억제하고 하늘의 도리에 돌아감이 인(仁)이다.

🀫 남이 알아줄 정도가 되도록 노력해야 한다

자 왈　불 환 무 위　　환 소 이 립　　　불 환 막 기 지　구 위 가 지 야
子曰, 不患無位요 患所以立하며 不患莫己知오 求爲可知也니라.

○ 풀이　공자께서 말씀하셨다.
"지위가 없음을 걱정하지 말고 자리가 생겼을 때 어떻게 그 지위에 머무를 것인가를 걱정해야 하며, 자기를 알아주지 않는 것을 걱정하지 말고 남이 알아줄 정도가 되도록 노력해야 한다."

○ 해설　도(道)가 행해지는 좋은 세상에서는 학문과 덕행을 겸비한 군자가 인정을 받고 또 벼슬자리에 오를 것이다. 그러나 그것은 이상(理想)이다. 대개의 경우는 도가 행해지지 않고 따라서 군자보다 소인배들이 득세하고 부귀를 누린다.

論語 里仁 충(忠)과 서(恕)

자 왈　삼 호　　　오 도　　　일 이 관 지
子曰, 參乎아! 吾道는 一以貫之니라.

증 자 왈　유
曾子曰, 唯라!

자 출　　　　　　문 인　　문 왈　하 위 야
子出이어시늘 門人이 問曰, 何謂也이까?

증 자 왈　부 자 지 도　　　충 서 이 이 의
曾子曰, 夫子之道는 忠恕而已矣니라.

○ 풀이　　공자께서 말씀하셨다. "삼아! 나의 도는 하나로 관통된다."
증자가 대답하였다. "예."
공자께서 나가시자 문인들이 물었다. "무슨 말씀입니까?"
증자가 말했다. "선생님의 도는 충(忠)과 서(恕)일 따름이다."

○ 해설　　공자는 일관된 도리를 강조하고 있다. 그것은 다름 아닌 인(仁)
이다. 이 인(仁)이야말로 사람을 사랑하는 것(愛人)이라고 했고, 자기의 사
욕을 누르고 예로 돌아가는 것이라고 하였으며, 또한 내가 원치 않는 것
을 남에게 베풀지 말라고 하였다. 그리고 공자의 수제자 증자는 인(仁)
을 충서(忠恕)로 풀이하고 있다. 충(忠)은 자기의 도리를 다하는 것이요,
서(恕)는 나의 처지로 미루어 남의 입장을 이해하며 관용을 베푼다는 뜻
이다.

군자와 소인

자왈 군자 유어의 소인 유어리
子曰, 君子는 喩於義하고 小人은 喩於利니라.

○ 풀이　공자께서 말씀하셨다.
"군자는 의를 밝히고, 소인은 이(이익)를 밝힌다."

○ 해설　과학 기술이 고도로 발달하고 재물이 풍요로운 오늘의 세계에
도 군자와 소인이 있다. 과학 기술, 재물을 전 인류의 행복과 발전을 위해
선용하는 사람은 군자다. 반대로 과학 기술, 재물을 악용하고 자기의 탐
욕을 채우려는 자는 소인이다.

論語 里仁 타인을 거울로 삼아야 한다

자 왈 　 견 현 사 제 언 　　　　 견 불 현 이 내 자 성 야
子曰, 見賢思齊焉하며 見不賢而內自省也니라.

○ 풀이 　 공자께서 말씀하셨다.

"어진 사람을 보면 그와 같이 되기를 생각하고, 어질지 못한 사람을 보면 자신 또한 그렇지 않은지 스스로 깊이 반성한다."

○ 해설 　 세상에는 나보다 잘난 사람, 혹은 나보다 못난 사람이 있게 마련이다. 그러므로 남을 거울로 삼아 자신을 반성하고 수양을 해야 한다. 과실을 저지르는 못난 사람을 보면 나는 어떠할까 하고 반성한다. 한편 나보다 잘난 사람을 보면, 나도 노력해서 그 사람과 같이 되려고 분발해야 한다.

論語 里仁 원망하지 말아야 한다

자 왈 　 사 부 모 　　　 기 간 　　　 견 지 부 종
子曰, 事父母하되 幾諫이니 見志不從하고

우 경 불 위 　　　 노 이 불 원
又敬不違하며 勞而不怨이니라.

○ 풀이 　 공자께서 말씀하셨다.

"부모를 섬김에 있어 부모님께 잘못이 있더라도 은밀하고 조심스럽게 간하며, 설혹 나의 뜻이 받아들여지지 않더라도 더욱더 공경하여 부모의 뜻

을 어겨서는 안 되며, 또 (간하기) 힘들더라도 원망하지 않아야 한다."

○ 해설　　자식이 부모에게 간언을 올리되, 무례한 태도를 취하면 안 된다. 부모의 심정이나 기색을 살피면서 슬기롭게 간해야 한다. 비록 부모가 간언을 받아들이지 않더라도 자식은 전과 같이 부모를 공경하고 부모의 뜻을 어기지 말아야 한다.

論語里仁 부모님을 편하게 해드려야 한다

자 왈　부 모 재　　불 원 유　　유 필 유 방
子曰, 父母在어시든 不遠遊하며 遊必有方이니라.

○ 풀이　　공자께서 말씀하셨다.
"부모님이 생존해 계실 때는 먼 곳으로 여행을 가서는 안 되며, 부득이한 일이 있어 떠나갈 때는 반드시 미리 행방을 말씀드려야 한다."

○ 해설　　부모의 자식 사랑이나 자식에 대한 걱정은 끝이 없다. 효도는 물질적인 봉양도 중요하지만 보다 정신적으로나 심정적으로 부모를 편하게 해야 한다. 그러므로 가능하면 부모 생존 시에는 자식은 먼 곳으로 여행 가지 않아야 한다. 불가피하게 여행을 가는 경우에는 연락 장소를 알려야 한다. 그래야 유고시(有故時)에 연락할 수 있고 또 달려올 수 있을 것이다.

🈳 말보다 행동이 민첩해야 한다

자 왈   고 자   언 지 불 출   치 궁 지 불 체 야
子曰, 古者에 言之不出은 恥躬之不逮也니라.

○ 풀이   공자께서 말씀하셨다.

"옛 사람들이 말을 함부로 하지 않은 것은, 자신의 실천이 따르지 못할
것을 부끄러워했기 때문이다."

○ 해설   말은 쉽고 행동은 어렵다. 언행일치를 신(信)이라 한다. 신용은
사회생활을 지탱하는 근본 원리이다'. 문(文)·행(行)·충(忠)·신(信)'을 사교
(四敎)라 하고 높인다. 군자는 말보다 행동이 민첩해야 한다.

5장

슬기와 지혜

제5장은 여러 사람에 대한 인물을 평한 말씀이 실려 있다. 간결하면서도 요령 있는 말로 여러 사람에 대한 현명한 자질, 슬기와 지혜, 인덕과 강직 및 선악 득실을 논평하였다.

論 語

公冶長

🔖 사위를 삼을 만하다

자 위 공 야 장　　　　가 처 야　　　수 재 류 설 지 중
子謂公冶長하시되, 可妻也로라. 雖在縲絏之中이나

비 기 죄 야　　　　　이 기 자 처 지
非其罪也라 하시고 以其子妻之하시다.

자 위 남 용　　　　방 유 도　　불 폐
子謂南容하시되 邦宥道에 不廢하며

방 무 도　　면 어 형 륙　　　　　이 기 형 지 자　　처 지
邦無道에 免於刑戮이라 하시고 以其兄之子로 妻之하시다.

○ 풀이　　공자께서 공야장을 평하여 말씀하셨다.

"그런 인물이라면 사위로 삼을 만하다. 비록 한때 포승에 묶여 감옥에 갇
힌 적은 있지만 그의 죄가 아니었다."

그리고 자신의 딸을 그에게 시집보내셨다.

또 공자께서 남용을 평하여 말씀하셨다.

"나라에 도의가 있을 경우에는 버림을 받지 아니하고, 나라에 도의가 없
어도 형벌과 죽음을 면할 만한 사람이다."

그리고 형님의 딸, 조카를 그의 처로 삼게 하였다.

○ 해설　　공자의 인품은 온화하다. 그러나 인자(仁者)이므로 선악 시비를
밝게 가리는 혜안이 있다. 남용은 학식이 많고 덕행이 높은 군자였다. 특
히 그는 언행(言行)을 신중히 했다. 공자는 그를 난세에는 자기 한 몸을 온
전히 하며, 치세에는 등용이 될 만한 인재로 보았다. 그리하여 이복형 맹
피의 딸을 그에게 시집보낸 것이다.

🔲 인간수업의 배경

자 위 자 천 　　　 군 자 재 　 약 인
子謂子賤하시되, 君子哉라 若人이여!

노 무 군 자 자 　　 사 언 취 사
魯無君子者면 斯焉取斯리오?

○ 풀이　　공자께서 자천에 대해 말씀하셨다.

"이 같은 사람은 군자로다. 그러나 노나라에 군자가 없다면, 그가 어찌
그렇게 학문과 덕행을 터득했겠느냐?"

○ 해설　　제자 자천의 인간수업의 배경을 말한 것이다. 자천과 같은 군자
가 양성된 것은 많은 스승과 훌륭한 인재를 가진 노나라 같은 좋은 교육
환경에서 가능한 일이라는 뜻이다.

論語 公冶長 원리원칙의 지도자

자 공 문 왈　사 야　　하 여
子貢問曰, 賜也는 何如이니이까?

자 왈　여 기 야
子曰, 女器也니라.

왈　하 기 야
曰, 何器也니이까?

왈　호 련 야
曰, 瑚連也니라.

○ 풀이　　공자께서 인물평을 하고 계실 때, 자공이 공자께 물었다. "저는 어떤 사람입니까?"
공자께서 말씀하셨다.
"자네는 훌륭한 그릇이다."
"무슨 그릇입니까?"
"호련•이다."

○ 해설　　자공(子貢)은 언변이 뛰어났고 이재에 밝았다. 그래서 공자는 사(賜)는 통달했으니, 정치에 종사해도 아무 걱정이 없다(賜之達乎 於從政乎何有)고 말한 바 있다. 여기서도 공자는 "너는 종묘 제사에서 쓰이는 호련 같은 좋은 그릇이다."라고 칭찬했다. 즉 높은 벼슬에 올라, 귀하게 쓰일 것이라는 뜻이다. 그러나 공자는 "군자는 기물 같은 존재가 아니다(君子不器)."라고 말한 바도 있다.
군자는 원리원칙을 운영하는 지도자가 되어야 한다. 기물같이 남에게 쓰

• 중국 주나라 때, 오곡을 담아 신에게 바칠 때 쓰던 제기.

이는 기능적인 존재가 되지 말라는 뜻이었다. 공자의 인물평은 솔직하고 가혹하다. 그러나 기물치고는 최고의 기물이 된다고 섭섭지 않게 칭찬해 주었다.

소용없는 말재주

혹 왈   옹 야   인 이 불 녕
或曰, 雍也는 仁而不佞이로다.

자 왈 언 용 녕   어 인 이 구 급
子曰, 焉用佞이리오? 禦人以口給하여

루 중 어 인   부 지 기 인   언 용 녕
屢憎於人하나니 不知其仁이어니와 焉用佞이리오?

○ 풀이   어떤 사람이 말하였다.
"옹은 어질지만 말재주가 없습니다."
공자께서 말씀하셨다.
"말재주가 무슨 소용이 있는가? 그럴 듯한 말재주로 사람들을 대하면 점점 더 다른 사람들의 미움을 받게 된다. 나는 옹의 인덕에 대해서는 모르겠다. 그러나 어찌 말 잘할 필요가 있겠는가?"

📖 자기 자신을 알아야 한다

자 사 칠 조 개   사   대 왈 오 사 지 미 능 신
子使漆雕開로 仕하신대 對曰, 吾斯之未能信이로소이다.

자 열
子說하시다.

○ 풀이   공자께서 칠조개에게 벼슬살이를 시키려 하자, 그가 말하였다.
"저는 아직 그 일을 감당할 자신이 없습니다."
그러자 공자께서 몹시 기뻐하셨다.

○ 해설   어떤 목표를 성취하기 위해서는 얼마만한 야망과 추진력과 의
지를 가져야 한다.

📖 사리 분별

자 왈   도 불 행   승 부   부 어 해
子曰, 道不行이라 乘桴하여 浮於海하리니

종 아 자   기 유 여   자 로 문 지   희
從我者는 其由與인저! 子路聞之하고 喜한대

자 왈   유 야   호 용 과 아   무 소 취 재
子曰, 由也는 好勇過我하니 無所取材니라.

○ 풀이   공자께서 말씀하셨다.
"도가 행해지지 않아 뗏목을 타고 바다로 나간다면 나를 따라올 사람은

아마도 유(由)일 것이다."

자로가 이 말을 듣고 기뻐하자 공자께서 말씀하셨다.

"자로는 용맹을 좋아함이 나를 능가하지만 사리를 분별할 줄 모른다."

🔲 적합한 직업

맹무백　　문자로　　인호　　　자왈　부지야
孟武伯이　問子路는　仁乎이까.　子曰, 不知也로라.

우문　　　자왈　유야　　천승지국　　가사치기부야
又問한대　子曰, 由也는　千乘之國에　可使治其賦也어니와

부지기인야　　　구야　　　하여
不知其仁也로라.　求也는　何如하나이까.

자왈　구야　　천실지읍　　백승지가　　가사위지재야
子曰, 求也는　千室之邑과　百乘之家에　可使爲之宰也어니와

부지기인야　　　적야　　　하여
不知其仁也케라　赤也는　何如하나이까?

자왈　적야　　속대립어조　　　가사여빈객언야
子曰, 赤也는　束帶立於朝하여　可使與賓客言也어니와

부지기인야
不知其仁也로라.

○ 풀이　　맹무백이 물었다.

"자로는 인덕(仁德)이 있습니까?"

선생님께서 대답하셨다.

"모르겠소."

그가 다시 물으니 선생님께서 말씀하셨다.

"유는 제후의 나라의 군무를 맡을 수 있으나 그가 인덕이 있는지는 모르겠소."

"구는 어떤 사람입니까?"

선생님께서 말씀하셨다.

"구는 천 호의 고을이나 경대부의 집에서 읍장이나 가재 노릇을 할 만하나, 인덕이 있는지는 모르겠소." "적은 어떤 사람입니까?"

선생님께서 말씀하셨다.

"적은 의관을 갖추고 조정에 서서 빈객들을 접대할 만은 하지만, 그가 어진지 어떤지는 잘 모르겠소."

○ 해설   자로의 용맹, 염구의 치밀한 성품, 공서화의 밝은 예절 등 제자들의 장점을 명백히 알고, 그것을 바탕으로 적합한 직업을 소개한 내용이다.

論語 제자의 칭찬

자 위 자 공 왈　여 여 회 야　　숙 유
子謂子貢曰, 女與回也로 孰愈오?

대 왈　사 야　　하 감 망 회
對曰, 賜也는 何敢望回리이까?

회 야　　문 일 이 지 십　　　사 야　　문 일 이 지 이
回也는 聞一以知十하고, 賜也는 聞一以知二하노이다.

자 왈　불 여 야
子曰, 弗如也니라.

오 여 여　　불 여 야
吾與女의 弗如也하니라.

○ 풀이　　공자께서 자공에게 말씀하셨다.

"너와 안회는 누가 더 나으냐?"

자공이 대답하여 말하였다.

"제가 어찌 감히 안회와 견주기를 바라겠습니까? 안회는 하나를 들으면 열을 알지만, 저는 하나를 들으면 둘을 알 뿐입니다."

공자께서 말씀하셨다.

"안회만 못하리라. 너와 나는 다 같이 그만 못하니라."

○ 해설　　안연이나 자공은 다 공문(孔門) 십철(十哲)에 드는 수제자다. 자공(子貢)은 구변이 좋고 돈벌이를 잘하는 현실주의자였다. 이와 대조되는 제자가 안빈낙도(安貧樂道)하는 안회(顔回)였다. 공자는 자공에게 물었다.

"너하고 안회 둘 중에, 누가 낫다고 생각하느냐?"

그러자 자공이 재치 있게 대답했다.

"제가 어찌 안회를 따르겠습니까? 안회는 하나를 들으면 열을 압니다. 그러나 저는 하나를 들으면 둘을 알 뿐입니다." 즉 자기가 못하다는 것을 자인한 것이다. 그러자 공자가 "너만이 아니다. 나도 안연을 못 따라간다."라고 말하며, 솔직하게 대답한 자공을 칭찬할 겸 위로해 주었다.

🏷️ 썩은 나무에는 조각할 수 없다

재여주침　　　자왈　후목　불가조야
宰予晝寢이어늘 子曰, 朽木은 不可雕也며

분토지장　　불가오야　　어여여　　하주
糞土之牆은 不可杇也니 於予與에 何誅리오?

자왈　시오어인야　　청기언이신기행　　　금오어인야
子曰, 始吾於人也에 聽其言而信其行이러니 今吾於人也에

청기언이관기행　　　어여여개시
聽其言而觀其行하노니 於予與改是로라.

○ 풀이　　재여가 낮잠을 자고 있자, 공자께서 말씀하셨다.
"썩은 나무에는 조각할 수 없고, 더러운 흙으로 쌓은 담장은 손질을 해도 소용이 없다. 재여 같은 인간을 나무라서 무엇 하겠는가?"
또 공자께서 말씀하셨다.
"처음에 나는 남을 대할 때, 그의 말을 듣고 그 행실을 믿었는데, 이제 나는 남을 대할 때, 그의 말을 듣고서도 그의 행실을 살펴보게 되었다. 재여로 인해, 나는 사람 대하는 태도를 고치게 된 것이다."

論語 강직한 사람

자 왈   오 미 견 강 자   혹 대 왈   신 정
子曰, 吾未見剛者로다. 或對曰, 申棖이니이다.

자 왈   정 야   욕   언 득 강
子曰, 棖也는 慾이어니 焉得剛이리오.

○ 풀이   공자께서 말씀하셨다.

"나는 아직 강직한 사람을 보지 못했다."

어떤 사람이 대답하였다.

"신정이 강직합니다."

그러자 공자께서 말씀하셨다.

"신정은 탐욕스러운데 어찌 강직하다고 할 수 있겠느냐?"

○ 해설   공자가 말하는 강자(剛者)는 굳게 인도(仁道)를 지키고, 또 살신성
인(殺身成仁)하는 사람의 뜻이다.

論語 원치 않는 것을 시켜서는 안 된다

자 공 왈 아 불 욕 인 지 가 제 아 야
子貢曰, 我不欲人之加諸我也하고

오 역 욕 무 가 제 인
吾亦欲無加諸人하나이다.

자 왈 사 야 비 이 소 급 야
子曰, 賜也아 非爾所及也니라.

○ 풀이 자공이 말하였다.

"저는 남이 억지로 가하는 것을 원치 않고, 저 또한 남에게 억지로 가하고자 원치도 않습니다."

공자께서 말씀하셨다.

"사야, 그것은 네가 해낼 수 있는 바가 아니다."

○ 해설 공자는 "내가 원치 않는 것을 남에게 시키지 않는다."고 했다. 소극적인 인(仁)에 해당하는 서(恕)를 말한 것이다. 자공의 말도 '서'에 해당한다. 그러나 공자는 '너는 아직 멀었다.'라고 그의 분발을 촉구했다.

論語 예의와 제도문물의 정비

자공왈　부자지문장　　가득이문야
子貢曰, 夫子之文章은 可得而聞也어니와

부자지언성여천도　　불가득이문야
夫子之言性與天道는 不可得而聞也니라.

○ 풀이　　자공이 말하였다.

"선생님의 여러 가르침을 들을 수는 있었지만, 선생님께서 만물의 각 성품과 천도에 대해 말씀하시는 것은 들을 수가 없었다."

○ 해설　　공자는 당시에 제일 급한 일을 예의와 제도문물의 정비로 보았다. 따라서 천도론, 인성론에 대한 언급은 드물었다. 그 문제는 후세 계승자들의 연구대상이었다.

論語 하나의 가르침과 실행

자로　　유문　　　미지능행　　　유공유문
子路는 有聞이요, 未之能行하여선 唯恐有聞하더라.

○ 풀이　　자로는 하나의 가르침을 듣고 그것을 아직 실행하지 못했으면, 또 다른 새로운 가르침 듣기를 두려워했다.

○ 해설　　이 말로써 자로가 공자의 가르침을 가장 모범적으로 실천하였음을 알 수 있다. 따라서 이런 실천력 때문에 여러 제자 중 비교적 결점이

많은 사람이었는데도 공자는 그를 좋아했다.

🔖 '문(文)'이라는 시호

자 공 문 왈　　공 문 자　　하 이 위 지 문 야
子貢問曰, 孔文子를 何以謂之文也니이까?

자 왈　민 이 호 학　　　불 치 하 문　　　시 이 위 지 문 야
子曰, 敏而好學하며 不恥下問이라 是以謂之文也니라.

○ 풀이　자공이 물었다.
"공문자에게는 어찌하여 '문(文)'이라는 시호를 붙였습니까?"
공자께서 말씀하셨다.
"그는 영민하면서도 배우기를 좋아하였고, 자기보다 못한 아랫사람에게 묻는 것을 부끄럽게 여기지 않았다. 그 때문에 그의 시호를 문(文)이라 한 것이다."

○ 해설　공자는 절대로 한 가지만 보고 사람을 평하지는 않았다. 질문의 의도는 공어의 도덕관이 대단히 어지러운데도 어찌 그런 자에게 문(文)이라는 시호가 합당하냐는 뜻이 함축된 것이다.

論語 ● 公冶長 자산의 덕치주의

자 위 자 산 　　유 군 자 지 도 사 언 　　기 행 기 야 공
子謂子産하시되 有君子之道四焉이니 其行己也恭하며

기 사 상 야 경 　　기 양 민 야 혜 　　기 사 민 야 의
其事上也敬하며 其養民也惠하며 其使民也義니라.

○ 풀이 　　공자께서 자산을 평가하여 말씀하셨다.

"그는 군자의 도를 네 가지 갖추고 있었다. 즉 몸가짐이 겸허하였고, 윗사람을 섬김에는 공경스러웠으며, 백성을 기름에는 은혜로웠고, 백성을 부림에는 올바른 방도로 하였다."

○ 해설 　　자산은 작은 정나라의 재상으로 어진 정치를 베풀어 여러 나라의 모범이 되었다. 겸허한 몸가짐과 백성의 살림에 대한 육성책, 부역의 합리적인 부과 등 그의 덕정(德政)에는 교훈 삼을 만한 것이 많았다. 자산의 덕치주의에 공감했던 공자는 그의 부음을 듣고는 눈물을 흘렸다고 한다.

🔲 변함없는 태도

자왈 안평중 선여인교
子曰, 晏平仲은 善與人交로다.

구 이 경 지
久而敬之오녀.

○ 풀이　공자께서 말씀하셨다.

"안평중은 다른 사람과 사귀기를 잘하는구나. 사귄 지 오래되어도 남을
잘 공경하는구나!"

○ 해설　남과 잘 사귀는 요체는 알고 지내는 지가 오래되어도 그를 공경
하는 태도에 변함이 없는 것이다. 깊은 신뢰를 바탕으로 오랜 친구가 많
을수록 사업은 번창할 것이다.

🔲 지혜롭지 못한 까닭

자왈 장문중 거채 산절 조절 하여기지야
子曰, 藏文仲이 居蔡하되 山節하며 藻梲하니 何如其知也리오?

○ 풀이　공자께서 말씀하셨다.

"장문중은 집에 채 지방에서 나는 큰 거북을 기르며, 기둥 끝에는 산을
아로새기고, 동자기둥에는 수초를 그렸으니 어찌 그를 지혜롭다 하겠는
가?"

○ 해설　거북 보관소는 제후가 거북점을 위해 있는 것인데, 장문중이 그
것을 꾸며서 가진 것은 자가의 분수를 넘는 방자한 것으로 지혜로운 행
위로 볼 수 없다는 입장이다.

참다운 군자

자장 문왈 영윤자문 삼사위영윤 무희색
子張이 問曰, 令尹子文이 三仕爲令尹하되 無喜色하며

삼이지 무온색 구영윤지정
三已之하되 無慍色하여 舊令尹之政을

필이고신영윤 하여
必以告新令尹하니 何如하니이까?

자왈 충의 왈 인의호
子曰, 忠矣니라. 曰, 仁矣乎이까?

왈 미지 언득인
曰, 未知로라 焉得仁이리오?

최자시제군 진문자유마십승
崔子弑齊君이어늘 陳文子有馬十乘이러니

기이위지 지어타방 즉왈 유오대부최자야
棄而違之하고 至於他邦하야 則曰 猶吾大夫崔子也라 하고

위지 지일방
違之하며 之一邦하야

즉우왈 유오대부최자야 위지 하여
則又曰 猶吾大夫崔子也라 하고 違之하니 何如하니이꼬?

자왈 청의
子曰, 淸矣니라.

왈 인의호
曰, 仁矣乎인고?

왈 미지 언득인
曰, 未知로라 焉得仁이리오.

○ 풀이   자장(자공)이 물었다.

"영윤인 자문은 세 번이나 벼슬에 나가 영윤이 되었으되 기뻐하는 기색이 없었고, 세 번이나 벼슬을 그만두게 되었어도 성내는 기색이 없었으며, 또한 자리를 물릴 때에는 전임 영윤의 정사를 반드시 후임 영윤에게 일러주었습니다. 그는 어떻습니까?"

공자께서 말씀하셨다.

"충성스럽구나."

"인(仁)이라 하겠습니까?"

"어떠한지는 모르겠지만 그것만 듣고서는, 어찌 인을 얻었다 하겠는가?"

자장이 또 물었다.

"최자(崔子)가 제나라의 군주를 죽였을 때, 진문자(陳文子)는 말십승(十乘)이나 될 만한 큰 재산을 버리고 나라를 떠났습니다. 그런데 다른 나라에 가 보니 그곳 대부도 좋지 않아서 '여기도 우리나라의 최자와 같은 대부가 있다.'라고 말하고, 그곳을 떠났습니다. 또다시 다른 나라에 가보았습니다만 거기서도 역시 같은 말을 하고 떠났다고 합니다. 이 같은 인물은 어떻게 생각하시옵니까?"

공자께서 대답하셨다.

"청렴결백하다."

자장이 또다시 물었다.

"인자라고 하실 수 있겠습니까?"

공자께서 말씀하셨다.

"어떤지 알 수 없지만, 그것만 듣고서는 어찌 인을 얻었다 하겠는가?"

○ 해설   인자(仁者)는 '지(智)·인(仁)·용(勇)' 삼달덕(三達德)을 갖추어야 한다. 우선 많이 배우고 바르게 알아야 한다. 절대선의 천도(天道=우주의 理

97

法), 인간의 선본성(善本性)을 위시하여, 역사관·세계관·가치관이 확립되어야 참다운 군자, 인자가 될 수 있다.

論語 기회를 놓치는, 지나친 심사숙고
하나하

계 문 자 삼 사 이 후　　행　　　자 문 지
季文子三思而後에 行하더니, 子聞之하시고

왈　재 사 가 의
曰, 再斯可矣니라.

○ 풀이　　계문자는 세 번 생각한 후에야 실천하였다. 공자께서 이 말을 듣고 말씀하셨다.
"두 번이면 된다."

○ 해설　　기회는 의외로 순발력을 필요로 하는 수가 많다. 국가의 보호막이 없어진 오늘날의 상황에서 지나친 심사숙고는 도리어 좋은 상기(商機)를 놓치는 일이 될지 모른다.

論語 큰 지혜는 어리석음과 같다

자 왈   영 무 자   방 유 도   즉 지   방 무 도   즉 우
子曰, 寗武子 邦有道 則知하고 邦無道 則愚하니

기 지   가 급 야   기 우   불 가 급 야
其知는 可及也어니와 其愚는 不可及也니라.

○ 풀이   공자께서 말씀하셨다.

"영무자는 나라에 도(道)가 행해질 때는 지혜로운 척했고, 나라에 도가 행해지지 않을 때에는 어리석은 척했다. 그의 지혜로움은 누구나 따를 수 있지만, 그 어리석은 듯한 행동은 아무나 따를 수 없느니라."

○ 해설   명예욕을 초월한 인격자가 아니면 할 수 없는 일이다. 영무자의 처세방식은 '큰 지혜는 어리석음과 같다.'는 말의 전형이다.

論語 고국의 청년들

자 재 진   왈   귀 여 귀 여   오 당 지 소 자 광 간
子在陳하사 曰, 歸與歸與인저! 吾黨之小子狂簡하여

비 연 성 장   부 지 소 이 재 지
斐然成章이요 不知所以裁之로다.

○ 풀이   공자께서 진나라에 계실 때 말씀하셨다.

"돌아가자! 돌아가자! 우리 고향의 젊은이들은 뜻은 크고 진취적이지만 일에 미숙하고, 훌륭한 기본은 갖추었지만 일을 바르게 재량할 줄 모른

다.(그러니, 돌아가서 가르쳐 주자.)"

○ 해설　공자는 56세에 노나라를 떠나 여러 나라를 방랑하다가 68세에
돌아왔다. 사방을 주유하고 도(道)가 없음을 본 공자가, 차라리 고국에 돌
아가 고국의 청년들을 교육하자는 뜻을 피력한 것이다.

백이와 숙제

자 왈　백 이 숙 제　불 염 구 악　　원 시 용 희
子曰, 伯夷叔齊는 不念舊惡이라 怨是用希니라.

○ 풀이　공자께서 말씀하셨다.
"백이와 숙제는 지난날의 원한을 생각지 않았다. 그러므로 이들을 원망
하는 사람도 드물었다."

○ 해설　백이와 숙제는 고죽국의 왕자였다. 백이는 부왕(父王)이 평소에
동생 숙제에게 왕위를 물려주려고 하는 뜻을 알고, 부왕 사망 후, 주(周)
문왕(文王)의 덕을 흠모하여 주나라로 갔다. 그러자 동생 숙제도 뒤따라
왔다. 이들이 주나라에 갔을 때는 문왕이 죽고, 그의 아들 무왕(武王)이 은
(殷)나라 주왕(紂王)을 치려고 하였다. 이에 그들은 앞으로 나아가 무왕에
게 말했다.
"부친의 상례도 다 마치지 않고, 군대를 동원하는 것은 불효(不孝)요, 은나
라의 신하로서 임금을 치려는 것은 불충(不忠)입니다." 하니 군사들이 칼
을 뽑아 백이와 숙제를 죽이려 했다. 군사 강태공이 이를 제지해서 살아

남았다. 그 후 주나라 곡식은 먹을 수 없다 하여 수양산에 들어가 고사리만 먹다가 굶어 죽었다.

高지식한 미생

자 왈   숙 위 미 생 고 직
子曰, 孰謂微生高直고?

혹   걸 혜 언   걸 제 기 린 이 여 지
或이 乞醯焉이어늘 乞諸其鄰而與之로다.

○ 풀이   공자께서 말씀하셨다.

"누가 미생고를 정직하다고 하는가? 어떤 사람이 그에게 식초를 얻고자 하자, 그는 (자기 집에 식초가 없다는 사실을 이야기하기 싫어서) 이웃집에 가서 얻어다 주었다."

○ 해설   미생은 어느 날 여자와 다리 밑에서 만나기로 하였다. 약속 장소에 나가자 여자는 오지 않고 마침 밀물로 물이 붙어나게 되었다. 그러나 고지식한 미생은 다리 밑을 떠날 수 없었다. 마침내 그는 다리기둥을 붙잡고 있다가 물에 빠져죽었다. 미생이 식초를 얻으려고 온 사람에게 그것을 이웃에게 얻어다준 것은 갸륵한 일이다. 그러나 공자는 자기에게 없으면 없다고 하는 것이 더욱 정직하고 떳떳한 일로 여긴 것이다.

가장된 낯빛

자 왈   교 언 영 색 주 공   좌 구 명 치 지   구 역 치 지
子曰, 巧言令色足恭을 左丘明恥之하니 丘亦恥之하노라

익 원 이 우 기 인   좌 구 명 치 지   구 역 치 지
匿怨而友其人을 左丘明恥之하니 丘亦恥之하노라.

○ 풀이   공자께서 말씀하셨다.
"겉으로 말을 잘 꾸미고 낯빛을 부드럽게 하고, 지나치게 공손한 척하는
태도를 좌구명이 부끄럽게 여겼듯이, 나 또한 그것을 부끄럽게 여긴다.
또 속의 원한을 감추고 친한 척하는 것을 좌구명이 부끄럽게 여긴 것처
럼 나도 그것을 부끄럽게 여긴다."

○ 해설   가장된 애교를 부리거나 아첨을 하는 것은 상대를 속이고 자기
의 욕구를 채우려는 술책이다. 한편 속에 품은 원한이나 노여운 감정을
숨기고, 친근한 척하는 태도는 상대방의 허를 찌르려는 음모라 하겠다.

6장

인생의 행복

본 장은 또한 인물에 대한 평을 주로 다루고 있지만, 후반에는 공자의 학문에 대한 태도 및 인생의 행복에 대해 논한다. 특히 인(仁), 지(知) 및 군자(君子) 등에 대한 구절이 많으므로 공자의 사상을 연구하는 데 크게 도움이 될 것이다.

論 語
雍 也

論語雍也 황제의 자질

자왈 옹야 가사남면
子曰, 雍也는 可使南面 *이로다.

중궁 문자상백자 자왈 가야간
仲弓이 問子桑佰子한대 子曰, 可也簡이니라.

중궁 왈 거경이행간 이임기민 불역가호
仲弓이 曰, 居敬而行簡하여 以臨其民이면 不亦可乎이까?

거간이행간 무내대간호
居簡而行簡이면 無乃大簡乎아?

자왈 옹지언 연
子曰, 雍之言이 然하다.

○ 풀이   공자께서 말씀하셨다.

"옹이야말로 그는 가히 남면할 만하다." (옹에게는 임금이 될 만한 풍채가 있

다. 남쪽을 향해 앉아서 정사(政事)를 볼 수 있을 것이다.)

중궁이 자상백자(子桑佰子)의 인물에 대하여 묻자, 공자께서 말씀하셨다.

"쓸 만한 인물이다. 조그마한 일에 마음을 쓰지 않고 대범하기 때문이다."

중궁이 다시 말하였다.

"몸가짐을 경건하게 하면서 소탈하고 대범한 태도로 백성들을 대한다면

이 또한 좋지 않습니까? 몸가짐도 소탈 대범하고 남에게 대하는 태도도

소탈 대범하면, 지나치게 소탈 대범하지 않겠습니까?"

공자께서 말씀하셨다.

"그대의 말이 옳다."

---

* 대궐에서 임금은 남쪽을 바라보고, 신하는 북쪽을 바라보고 앉는다. 지방 관청에서도 장은 남쪽을 바
  라보고 앉는다. 즉 옹, 중궁은 많은 신하나 부하를 다스릴 만하다는 뜻.

○ 해설　옛날 천자는 남쪽을 향해 앉고 신하들은 북쪽을 향해 서 있었다. 그러므로 남쪽을 향해 앉을 만하다는 것은 황제가 될 만한 자질을 가지고 있다는 뜻이다.

📕 예의적인 보상

자화 사 어 제　　염 자 위 기 모 청 속　　자 왈　여 지 부
子華使於齊러니 冉子爲其母請粟한대 子曰, 與之釜하라.

청 익　　왈　여 지 유　　염 자 여 지 속 오 병
請益한대 曰, 與之庾하라 하니 冉子與之粟五秉하니

자 왈　적 지 적 제 야　　승 비 마　　의 경 구
子曰, 赤之適齊也에 乘肥馬하고 衣輕裘하니

오 문 지 야　　군 자　주 급　　불 계 부
吾聞之也하니 君子는 周急이요 不繼富라 하라.

원 사 위 지 재　　여 지 속 구 백　　사
原思爲之宰러니 與之粟九百이어시늘 辭한대

자 왈　무　　이 여 이　인 리 향 당 호
子曰, 毋하여! 以與爾인 里鄕黨乎인저!

○ 풀이　자화가 사신이 되어 제나라로 떠나가자, 염구가 자화의 모친을 위해서 곡식 주기를 청했다. 이에 공자께서 말씀하셨다.

"여섯 말 네 되를 주어라."

염구가 좀 더 많이 주자고 청하자, 공자가 말씀하셨다.

"열여섯 말을 주어라."

그러나 염구는 여든 섬을 주었다. 이에 공자가 말씀하셨다.

"자화는 제나라로 갈 때에, 살찐 말을 타고, 가볍고 값진 가죽옷을 입었다. 내가 들은 바, '군자는 남의 궁핍하고 몰릴 때에는 돕고 보태주되, 부유하게 사는 사람에게는 더 보태고 재물을 늘려주지 않는다.'고 하더라."

원사가 영읍의 책임자로 있을 때, 공자가 그에게 곡식 구백 석을 주자, 그가 (너무 많다며) 사양하였다. 공자께서 말씀하셨다.

"사양하지 마라! 그것을 네 이웃과 마을 사람들에게 나누어주면 되지 않느냐!"

○ 해설 　자화가 받은 곡식의 성격이 애매해졌다. 일에 대한 보상과 그것에 부여하는 공자와 염구의 기준이 다르기 때문이다. 공자는 자화의 형편으로 보아 예의적인 금전 보상으로 충분하다고 여긴 듯하다.

論語 雍也 본인의 능력과 덕망에 달렸다

자 위 중 궁 왈　리 우 지 자 성 차 각　　수 욕 물 용　　　산 천 기 사 제
子謂仲弓曰, 犁牛之子騂且角이면 雖欲勿用이나 山川其舍諸아?

○ 풀이 　공자께서 중궁에게 말씀하셨다.

"밭을 가는 소의 새끼라도, 그 털색이 붉고 뿔이 바르다면, 설사(사람들이 그것을) 희생으로 쓰려고 하지 않아도, 산천의 신이 어찌 그것을 그냥 내버려두겠는가?"

○ 해설 　주나라에서는 털이 붉고 뿔이 바른 소를 골라 제물로 썼다. 자

기 신분이 미천한 염옹(중궁)이지만, 본인의 능력과 덕망에 달렸다고 위로한 말이다.

論語雍也 재능이 구비된 사람은 없다

계 강 자 문　　중 유 가 사 종 정 야 여
季康子問, 仲由可使從政也與이까?

자 왈　　유 야 과　　　어 종 정 호　　　하 유
子曰, 由也果하니, 於從政乎에 何有리오?

왈　　사 야 가 사 종 정 야 여
曰, 賜也可使從政也與이까?

왈　　사 야 달　　　어 종 정 호　　　하 유
曰, 賜也達하니, 於從政乎에 何有리오?

왈　　구 야 가 사 종 정 야 여
曰, 求也可使從政也與이까?

왈　　구 야 예　　　어 종 정 호 하 유
曰, 求也藝하니, 於從政乎何有리오?

○ 풀이　　대부인 계강자가 물었다.

"중유는 정치에 참여할 만합니까?"

공자께서 말씀하셨다.

"유는 과단성이 있으니 정치에 참여해도 아무 문제가 없습니다."

계강자가 다시 물었다.

"사는 정치에 참여할 만합니까?"

공자께서 말씀하셨다.

"사는 세상사에 두루 통달하였으니 정치에 참여해도 아무 문제가 없습니다."

계강자가 다시 물었다.

"염구는 정치에 참여할 만합니까?"

공자께서 말씀하셨다.

"염구는 재주가 있으니 정치에 참여해도 아무 문제가 없습니다."

ㅇ 해설　각각의 장점을 들어 그 방면의 탁월함을 소개하고 있다. 재능이 구비된 사람은 없다. 자기의 능력이 부족하거나 충분치 못하다고 느껴질 때는 그것을 피하지 말고 직시하는 법을 배워야 한다. 그렇게 통찰한 바를 근거로 자신을 변화시켜야 한다.

論語雍也 문수(汶水)의 강가

계 씨 사 민 자 건　　위 비 재　　민 자 건 왈　선 위 아 사 언
季氏使閔子騫으로 爲費宰한대 閔子騫曰, 善爲我辭焉하라.

여 유 부 아 자　　즉 오 필 재 문 상 의
如有復我者면 則吾必在汶上矣리라.

ㅇ 풀이　노나라의 대부 계씨가 민자건을 자신의 식읍인 비읍의 수장으로 삼으려 하자, 민자건이 말하였다.

"저를 위하여 그대가 잘 거절해 주십시오. 만약 다시 저를 찾는 일이 있다면 저는 분명히 문수(汶水)의 강가에 있을 것입니다."

○ 해설　민자건은 명목과 실제의 부합을 주장하는 공자의 정명주의를 실행한다. 그는 비전을 팔면서까지 임금의 권위를 넘어서 방자한 행동을 함부로 하는 계씨의 가신으로 취직하지 않겠다는 결심을 보인 것이다.

▣ 공자의 인간 됨

백 우 유 질　　　　자 문 지
伯牛有疾이어늘 子問之하실새,

자 유 집 기 수　　　왈　 망 지
自牖執其手하사 曰, 亡之러니,

명 의 부　　사 인 야　이 유 사 질 야
命矣夫라! 斯人也 而有斯疾也할새!

사 인 야　이 유 사 질 야
斯人也 而有斯疾也할새!

○ 풀이　백우가 병을 앓자, 공자께서 문병을 가시어 창문 너머로 그의 손을 잡고 말씀하셨다.
"이럴 리가 없는데, 운명이란 말인가! 이렇게 훌륭한 사람에게 이런 병에 걸리다니! 이렇게 훌륭한 사람이 이런 병에 걸리다니!"

○ 해설　백우가 문둥병에 걸려 사람을 만나려 하지 않아서 창문 너머로 그의 손을 잡고 회복이 불가능한 그의 병세를 천명으로 돌리며 슬퍼하는 공자의 인간적인 모습이다.

論語 雍也 변치 않는 안회

자왈 현재 회야 일단사 일표음 재누항
子曰, 賢哉라 回也여! 一簞食와 一瓢飮으로 在陋巷을

인불감기우 회야불개기락 현재 회야
人不堪其憂어늘, 回也不改其樂하니 賢哉라 回也여!

○ 풀이   공자께서 말씀하셨다.
"참으로 회는 어질다. 밥 한 그릇과 물 한 바가지로 빈민촌에 살게 되면 보통 사람들은 그 근심을 견뎌내지 못하는데, 회는 그렇게 살면서도 그 즐거움이 변치 않으니, 참으로 회는 어질도다!"

○ 해설   공자는 안회를 가난 속에서도 즐겁게 사는 본보기로 보고 있다. 최소한의 생존의 조건에서도 비굴하지 않고 위축되지 않고 자중하며 인격적으로 남과 평등하다는 그의 신념을 높이 평가한 것이다.

論語 雍也 군자다운 유학자가 되어야 한다

자위 자하왈 여위군자유 무위소인유
子謂 子夏曰, 女爲君子儒오 無爲小人儒하라.

○ 풀이   공자께서 자하에게 말씀하셨다.
"그대는 군자다운 유학자가 되어라, 소인 같은 유학자는 되지 마라."

○ 해설   형식과 실질, 말과 실행, 공부의 목적 등에서 볼 때 군자다운 선

비와 소인 같은 선비가 있으니 전자에 목표를 두라는 것이다.

📘 좋은 인재

자 유 위 무 성 재　　자 왈　여 득 인 언 이 호
子游爲武城宰러니 子曰, 女得人焉爾乎아?

왈　유 담 대 멸 명 자　　행 불 유 경
曰, 有澹臺滅明者하니 行不由徑하며

비 공 사　　미 상 지 어 언 지 실 야
非公事어든 未嘗至於偃之室也니이다.

○ 풀이　　자유가 무성읍의 수장이 되자 공자께서 말씀하셨다.
"자네는 좋은 인재를 얻었는가?"
자유가 대답했다.
"담대멸명이라는 자가 있습니다. 그는 길을 갈 때 좁은 지름길로 다니지
않고, 공적인 일이 아니면 제 방에 오지 않습니다."

○ 해설　　정치의 요체는 수양과 훌륭한 인재를 얻는 데 있다. 공과 사를
구분할 줄 알아야 한다.

맹지반의 인격

자왈 맹지반 불벌
子曰, 孟之反은 不伐이로다,

분이전 장입문 책기마왈 비감후야 마부진야
奔而殿하여 將入門할새 策其馬曰 非敢後也라, 馬不進也라 하니라.

○ 풀이　공자께서 말씀하셨다.

"맹지반은 공을 자랑하지 않았다. 전쟁에 패하여 달아날 때는 군대의 후미에서 적을 막았으며, 성문에 들어서려고 할 즈음에야 말에 채찍질을 하면서 말하기를, '일부러 뒤에 처지려 한 것이 아니라, 말이 나아가지 않았소.'라고 하였다."

말솜씨와 훌륭한 미모

자왈 불유축타지녕 이유송조지미
子曰, 不有祝鮀之佞이며 而有宋朝之美면

난호면어금지세의
難乎免於今之世矣니라.

○ 풀이　공자께서 말씀하셨다.

"축타와 같은 말솜씨가 없이 송조와 같은 미모만 지녔다면, 오늘날과 같은 세상에서 화를 면하기 어려울 것이다."

○ 해설　축타는 말재주로, 송조는 외모로 고위직에 올랐다. 부도덕한 자들의 관직 진출로 나라와 백성이 입었을 해악을 생각해 볼일이다.

論語 雍也 지켜야 할 도리

자왈 수능출불유호   하 막 유 사 도 야
子曰, 誰能出不由戶리오마는 何莫由斯道也오?

○ 풀이   공자께서 말씀하셨다.

"누구라도 밖으로 나갈 때, 방문을 통과하지 않을 수 있겠는가? 그런데
왜 아무도 선왕의 도를 따르지 않는가?"

○ 해설   사람이면 반드시 지켜야 할 도리를 출입문에 비유했다. 도리는
알면서 행동은 틀리게 하는 것은 인간의 이기심 때문이다. 도리에 따르
는 것이 편하고 안전하며, 이익이 된다면 틀림없이 도를 가까이 할 것이다.

論語 雍也 군자의 적절한 조화

자왈 질승문즉야   문승질즉사   문질   빈빈 연후   군자
子曰, 質勝文則野요 文勝質則史니 文質이 彬彬 然後에 君子니라.

○ 풀이   공자께서 말씀하셨다.

"실질적인 내용이 겉모습보다 뛰어나면 너무 저속하고, 겉모습이 실질적
인 내용보다 뛰어나면 너무 형식에 흐르게 된다. 겉모습과 실질적인 내
용이 적절히 조화를 이루어야 군자다우니라."

○ 해설   형식적 교양미와 내면적 수양이 일치되고 조화되어야 군자라고
할 수 있다. 또 가령 어떤 제품에 대해 제조업자의 생각과 고객의 호응이

같아야 비로소 상품이 된다. 그렇지 못하면 실패한 제품으로 소용이 없게 된다.

論語雍也 정직하지 않은 삶

자 왈　인 지 생 야 직　　망 지 생 야　　행 이 면
子曰, 人之生也直하니, 罔之生也는 幸而免이니라.

○ 풀이　공자께서 말씀하셨다.
"사람의 삶은 정직해야 한다. 정직하지 않은 삶은 요행히 죽음을 면하는 것이다."

○ 해설　사람의 성품은 본래 정직한 것이다. 그런데 후천적으로 부정직하게 된 경우도 있고, 또 부정한 방법으로 잘사는 경우도 있다. 그러나 그것은 정도가 아니고 한때의 요행일 뿐이다.

論語雍也 일을 원하는 사람

자 왈　지 지 자　　불 여 호 지 자　　호 지 자　　불 여 락 지 자
子曰, 知之者는 不如好之者요, 好之者는 不如樂之者니라.

○ 풀이　공자께서 말씀하셨다.
"도를 알기만 하는 사람은 그것을 좋아하는 사람만 못하고, 좋아하는 사

람은 즐기는 사람만 못하다."

○ 해설　어떤 일이든 그것을 그냥 알고 있는 사람보다 그것을 좋아하는
이가 더 낫고, 그 사람보다 그 일에 즐겁게 종사하는 사람이 더 낫다. 따
라서 일을 원하는 사람에게 그 일을 맡기면 그는 즐거워 피곤도 잊고 그
일을 성취해 나간다.

論語雍也 사람마다 자질이 다르다

자 왈　중 인 이 상　가 이 어 상 야
子曰, 中人以上은 可以語上也이어니와

중 인 이 하　불 가 이 어 상 야
中人以下는 不可以語上也니라.

○ 풀이　공자께서 말씀하셨다.
"중간 이상의 수준에 해당하는 사람들에게는 수준 높은 이야기를 해주어
도 좋지만, 중간 이하에 해당하는 사람들에게는 수준 높은 이야기를 해
줄 수 없다."

○ 해설　사람마다 자질이 다르고 학문에도 단계적 과정이 있다. 어느 단
계에 이르면 이해 능력에 경계를 만난다. 성인은 사람들이 모두 성인이
되지 못함을 걱정하지만 가르침에 있어 그의 수준을 뛰어넘어 말하지는
않는다.

🔲 마땅히 해야 할 도리

번지문지　　자왈　무민지의
樊遲問知한대 子曰, 務民之義는

경귀신이원지　가위지의
敬鬼神而遠之면 可謂知矣니라.

문인　　왈　인자선난이후획　　가위인의
問仁한대 曰, 仁者先難而後獲이면 可謂仁矣니라.

○ 풀이　　번지가 지혜에 대해 묻자, 공자께서 말씀하셨다.

"사람이 마땅히 해야 할 도리를 실천하는 데 힘을 기울이고, 귀신의 힘을 빌려 복을 구하고 화를 물리치는 어리석은 짓을 하지 않는 것이 아는 사람의 올바른 삶의 자세이다."

인(仁)에 대해 묻자, 공자께서 말씀하셨다.

"인자함이란 어려운 일에는 먼저 나서서 하고, 이득을 챙기는 데에는 남보다 뒤지는 것이니, 이렇게 하면 인자하다고 할 수 있다."

🔲 지혜로운 자와 어진 자

자왈　지자　요수　　인자　요산
子曰, 知者는 樂水하고 仁者는 樂山이니

지자　동　　인자　정　　지자　락　　인자　수
知者는 動하고 仁者는 靜하며 知者는 樂하고 仁者는 壽니라.

○ 풀이　　공자께서 말씀하셨다.

"지혜로운 사람은 (움직이고 있는) 물을 좋아하고, 덕이 있는 어진 사람은 산을 좋아한다. 지혜로운 사람은 동적이고 어진 사람은 정적이다. 지혜로운 사람은 인생을 즐겁게 살고 어진 사람은 장수한다."

○ 해설   사람은 지혜로운 자와 어진 자의 두 부류가 있다. 그들을 각기 산과 물이라는 형상에 비유한 것은 그들의 본성과 작용을 충분히 체득한 자만이 할 수 있는 것이다. 대개 인자는 나와 하늘과의 관계를, 지자는 나와 너와의 관계를 중시한다.

중용지도(中庸之道)에 이르는 길

자 왈   제 일 변   지 어 로   노 일 변   지 어 도
子曰, 齊一變이면 至於魯하고 魯一變이면 至於道니라.

○ 풀이   공자께서 말씀하셨다.
"제나라가 정도를 향하여 한 번 변하면 노나라에 가깝게 되고, 노나라가 정도를 향하여 한 번 변하면 중용지도(中庸之道)에 이를 것이다."

○ 해설   강대국 제나라가 한 번 변하여 주나라의 문화를 많이 가진 노나라 수준이 되고, 노나라가 한 번 변하여 옛 주나라 문화로 복고가 가능하다고 술회한 내용이다. 이러한 복고적 사고가 마침내 변혁을 외면하는 결과로 작용한다고 생각할 수도 있다.

용도를 상실하면 본래의 그릇이 아니다

자왈 고불고 고재 고재
子曰, 觚不觚면 觚哉! 觚*哉아!

○ 풀이　공자께서 말씀하셨다.

"고에 모가 없다면 어찌 그것을 고라 하랴! 고라 하랴!"

○ 해설　술잔 노릇을 하지 못하면 그것이 술잔이겠느냐? 그릇은 각기 그
용도가 있는데 그 용도를 상실하면 본래의 그릇이 아니다. 사람도 마찬
가지이다. 조직의 책임자는 먼저 조직을 알고, 다음에 인재가 그 부서에
서 마음껏 일할 수 있도록 해야 회사가 발전한다.

잠시 속일 수는 있다

재아문왈 인자 수고지왈
宰我問曰, 仁者는 雖告之曰,

정유인언 기종지야
井有仁焉이라도 其從之也로소이까?

자왈 하위기연야 군자가서야
子曰, 何爲其然也리오? 君子可逝也인정,

불가함야 가기야 불가망야
不可陷也며 可欺也인정, 不可罔也니라.

---

* 배 부분과 다리에 네 개의 모서리가 있는 제례용 술잔으로, 모가 난 술잔.

　　재아가 물었다.

"어진 사람에게 가령 우물에 사람이 빠졌다고 속이면, 그 우물로 따라 들어가야 합니까?"

공자께서 말씀하셨다.

"어찌 그렇겠느냐? 군자는 물론 우물에 달려가기야 하겠지만 빠지지는 않을 것이다. 그를 잠시 속일 수는 있어도 사리판단조차 못하게 하지는 못할 것이다."

論語雍也 도리에 어긋나지 말아야 한다

자 왈　군 자 박 학 어 문　　약 지 이 례　　역 가 이 불 반 의 부
子曰, 君子博學於文이요 約之以禮면 亦可以弗畔矣夫인저!

○ 풀이　　공자께서 말씀하셨다.

"군자는 널리 글을 배우고 예로써 자신의 행동을 단속해야 한다. 그래야 비로소 도리에서 어긋나지 않을 것이다."

○ 해설　　군자가 모든 방면의 학문을 널리 배워 문리를 깨치고 그 내용을 규범으로 요약하여 그것을 절도에 맞게 행하면 정도를 이탈하는 일이 없을 것이다.

論語 雍也 하늘에 대한 맹세

자 견 남 자　　　자 로 불 열　　　부 자 시 지 왈
子見南子하신대 子路不說이어늘 夫子矢之曰,

여 소 부 자　　　천 염 지　　천 염 지
予所否者이면 天厭之 天厭之시리라!

○ 풀이　공자가 남자를 만나자 자로가 좋아하지 않았다. 이에 공자가 맹세하여 말씀하셨다.

"나에게 잘못이 있다면, 하늘이 미워할 것이다. 하늘이 미워할 것이다!"

○ 해설　남자는 위영공의 부인으로 송나라 출신이다. 그의 음탕한 사생활은 백성들의 비난을 받았다. 그런 여인을 공자가 만난 것에 대해 자로가 의혹을 품자 공자가 그를 쏘는 듯이 쳐다보며 했던 말이다.

論語 雍也 중용(中庸)의 덕

자 왈　중 용 지 위 덕 야　기 지 의 호　　　민 선 구 의
子曰, 中庸之爲德也 其至矣乎인저! 民鮮久矣니라.

○ 풀이　공자께서 말씀하셨다.

"중용의 덕은 지극하다! 그런데 사람들이 이를 소홀히 한 지 너무나 오래되었구나."

○ 해설　중용은 적중에 조화하는 도리라 할 수 있다. 주공 같은 분이 그

런 도리로써 선도해주면 좋겠지만 그렇지 못하다. 직장생활에서 일하는 동기와 비전을 찾아 나아가는 도리 역시 변화하는 상황마다 중심에 조화하려는 노력일 것이다.

論語 雍也 인(仁)의 근본 의미

자공왈   여유박시어민 이능제중   하여
子貢曰, 如有博施於民 而能濟衆한대 何如니이까?

가위인호
可謂仁乎니이까?

자왈   하사어인   필야성호
子曰, 何事於仁이리오, 必也聖乎인저!

요순   기유병제
堯舜도 其猶病諸시니라!

부인자   기욕입이입인
夫仁者는 己欲立而立人하며

기욕달이달인
己欲達而達人이니라.

능근취비   가위인지방야이
能近取譬면 可謂仁之方也已니라.

○ 풀이   자공이 말하였다.

"만약 백성들에게 은혜를 베풀고 많은 사람을 어려움으로부터 구제할 수 있다면 어떻겠습니까? 인이라 할 수 있겠습니까?"

공자께서 말씀하셨다.

"어찌 인이라고만 하겠느냐? 반드시 성인의 경지라고 말하겠다. 요임금과 순임금조차도 그렇게 하지 못함을 걱정했다. 본래 인이란 자신이 나서고 싶은 자리에 다른 사람부터 나서게 하고, 자신의 뜻을 이루고 싶을 때에는 다른 사람의 뜻부터 이루게 해준다. 자신이 원하는 것을 미루어 남이 원하는 것을 이해하는 것이 바로 인의 경지에 이르는 방법이라고 할 수 있다."

○ 해설　　인(仁)의 근본 의미는 '사람들이 서로 사랑하고 협동하여 함께 잘사는 공동체를 꾸미는 기본적인 덕목'이다. 그러나 모든 것을 인식하고 실천하는 것은 '나'를 주체로 한다. 그러므로 나를 중심으로 '남을 사랑하고 남을 도와서 잘되게 하는 덕행이다.' 정치의 궁극적 목표는 백성에게 널리 은덕을 베풀고 그들을 환란에서 건져내는 일일 것이다.

7장

용모와 태도

본 장은 공자 자신의 말씀과 공자가 문하생들에게 베푼 교육법에 대한 말씀이 실려 있다. 공자의 용모와 태도, 행동거지를 기술하고 있는데, 우리는 여기에서 대인(大人)으로서의 공자를 엿볼 수 있다. 주자(朱子)는 '성인들이 겸손한 태도로 남을 잘 가르치고 또 점잖은 몸가짐과 행적에 대한 글들이 많이 추려져 있다.'고 했다.

論 語
述 而

論語述而 옛것을 믿으며 좋아한다

자 왈   술 이 부 작   신 이 호 고   절 비 어 아 노 팽
子曰, 述而不作하며 信而好古를 竊比於我老彭하노라.

○ 풀이   공자께서 말씀하셨다.

"나는 옛 성현의 가르침을 전할 뿐이지, 나 개인의 새로운 생각이나 창작을 하지 않으며, 옛것을 믿으며 좋아하고 있다. 그런 점에서 나는 나 자신을 은근히 노팽에게 비교해 본다."

○ 해설   술(述)은 저술을 뜻하고 작(作)은 창작을 뜻한다. 저술은 예부터 내려오는 사상과 문화를 바탕으로 다시 정리하거나 서술하는 것을 말하고 창작은 지금까지 일찍이 없었던 새로운 사상과 학설을 처음으로 만들어 내는 것을 말한다. 그리고 노팽에게 비교해 본다는 것은 남을 배운다는 겸손한 태도에서 나온 말이다.

論語述而 끊임없는 노력의 산물

자 왈   묵 이 식 지   학 이 불 염   회 인 불 권   하 유 어 아 재
子曰, 默而識之하며 學而不厭하며 誨人不倦이 何有於我哉오.

○ 풀이   공자께서 말씀하셨다.

"침묵 속에서(묵묵히 마음속으로) 깊이 깨닫고, 배움에 싫증을 내지 않으며, 남을 가르치기를 게을리하지 않는 것. 나는 다만 그렇게 할 뿐이다."

○ 해설　공자의 장기는 끊임없는 노력의 산물이다. 사람은 누구나 다소간 결점이나 나쁜 습성을 가지고 있다. 부단히 새로운 내용과 방식으로 그것을 고치는 일에 게을리하지 않는 굳은 결심이 필요한 것이다.

공자의 걱정

자 왈 　덕 지 불 수 　　학 지 불 강 　　문 의 불 능 사
子曰, 德之不脩와 學之不講과 聞義不能徙하며

불 선 불 능 개 　　시 오 우 야
不善不能改이 是吾憂也니라.

○ 풀이　공자께서 말씀하셨다.

"인격을 수양하지 못함과 학문을 익히지 못함과, 어떻게 하는 것이 의로운 것인지 알면서 실천에 옮기지 못함과, 잘못을 고치지 못함이 곧 나의 걱정거리다."

○ 해설　마음으로나 몸으로 덕(德)을 닦고 행하지 않는다. 배운 바 학문을 스스로 강구하지도 않고 또 남에게도 강의해 주지 않는다. 정의에 편들지도 않는다. 개과천선하지도 못한다. 이상의 네 가지를 다 못하면, 결국 '악덕(惡德)하고, 무식(無識)하고, 불의(不義), 무도(無道)한 악인'이 된다. 공자는 결국 사람과 세상이 다 함께 개과천선하지 못하는 것을 걱정한 것이다.

論語述而 공자의 한탄

자 왈   심 의   오 쇠 야   구 의   오 불 부 몽 현 주 공
子曰, 甚矣라 吾衰也여! 久矣라 吾不復夢見周公이로다!

○ 풀이   공자께서 말씀하셨다.

"참으로 심히 노쇠했구나! 나는 오래도록 주공을 꿈에서 다시 뵙지 못하였다."

○ 해설   주공은 내란을 평정하고 조카 성왕을 보필하여 섭정의 책무를 다한 사람이었다. 주나라의 봉건제도와 문물은 그에 의해 정비된 것이다. 공자는 청년시절부터 주공을 경모(敬慕)했으며, 옛 주나라의 봉건적 질서와 문무제도를 당대에 되살리고자 하였다. 그러나 자신의 포부를 이룰 수 없었던 공자는 이제 늙어 꿈에서 주공을 뵙지 못함을 한탄하고 있다.

論語述而 수양과 학문의 단계

자 왈   지 어 도   거 어 덕   의 어 인   유 어 예
子曰, 志於道하며 據於德하며 依於仁하며 遊於藝니라.

○ 풀이   공자께서 말씀하셨다.

"도에 뜻을 두고 덕에 근거하며, 인에 의지하고 육예를 즐겨라."

○ 해설   수양과 학문의 단계를 명쾌하게 제시하였다. 우리는 이런 방식

을 통해서 타고난 잠재력을 찾아내어 꾸준히 훈련한다면 훨씬 더 자기다
워지며 진실에 가까워지며 유용하게 될 것이다.

📇 속수의 예를 행한 사람

자 왈   자 행 속 수   이 상   오 미 상 무 회 언
子曰, 自行束脩*以上은 吾未嘗無誨焉이로다.

○ 풀이   공자께서 말씀하셨다.
"속수의 예를 행한 사람 이상이면 내가 가르치지 않은 적이 없다."

○ 해설   스스로 자기를 단속하여 수양하려고 하는 이상의 사람은 내가
일찍이 가르치지 아니한 적이 없다.(스스로 포 한 속 이상을 예물로 가져 온 사람은
내 일찍이 가르치지 아니한 적이 없다.) 공자는 예의의 표현으로 속수라는 수업료
를 받되, 피교육자를 차별하지 않았다.

---

* 脩는 육포(肉哺), 束은 묶음. 옛날 스승에게 가르침을 청할 때 육포 열 줄을 엮은 다발을 예물로 바쳤
다. 고대의 예법에서는 처음 만나는 사람을 찾아갈 때 자신의 신분에 걸맞은 예물을 가져가게 되어 있
었다.

📜 배우려는 열의

자 왈 불 분   불 계   불 비   불 발
子曰, 不憤이어든 不啓하며 不悱어든 不發하되.

거 일 우   불 이 삼 우 반   즉 불 부 야
擧一隅에 不以三隅反이어든 則不復也니라.

○ 풀이   공자께서 말씀하셨다.

"학생이 배우려는 열의가 없으면 나는 그를 이끌어주지 않고, 학생이 표현하려고 애쓰지 않으면 일깨워주지 않으며, 한 방면을 가르쳐주면 나머지 세 방면을 스스로 알아서 반응을 보여야지, 그렇지 않으면 나는 반복해서 가르쳐주지 않는다."

○ 해설   학문은 학생의 자발적 학구열과 탐구한 바를 표현해 보려고 하는 갈망, 그리고 어느 정도의 지능이 있을 때 효율이 극대화될 수 있는 것이다.

論語述而 상가에서의 예의

자 식 어 유 상 자 지 측   미 상 포 야
子食於有喪者之側에 未嘗飽也러시다.

자 어 시 일   곡 즉 불 가
子於是日에 哭則不歌러시다.

○ 풀이   공자께서는 상을 당한 사람 곁에서 식사를 하실 때, 배부르게 드신 적이 없으셨다. 공자께서는 곡을 하신 날에는 노래를 부르지 않으셨다.

○ 해설   조문에 있어서 공자의 기준은 명쾌하다. 상가에서는 식사량으로써, 물러나서는 애도하는 마음으로써 그날을 보내는 것이다.

論語述而 사려 깊은 사람

자 위 안 연 왈   용 지 즉 행   사 지 즉 장   유 아 여 이 유 시 부
子謂顔淵曰, 用之則行하고 舍之則藏은 唯我與爾有是夫인저!

자 로 왈   자 행 삼 군   즉 수 여
子路曰, 子行三軍이면, 則誰與시리이까?

자 왈   포 호 빙 하   사 이 무 회 자   오 불 여 야
子曰, 暴虎馮河하여 死而無悔者를 吾不與也니

필 야 임 사 이 구   호 모 이 성 자 야
必也臨事而懼하며, 好謀而成者也니라.

○ 풀이   공자께서 안연에게 말씀하셨다.
"관직에 등용되면 도를 행하고, 버림받으면 도를 간직한 채 은둔하는 태
도는 오직 나와 너만이 갖고 있을 것이다!"
자로가 말하였다.
"선생님께서 3군을 통솔하신다면 누구와 함께 하시겠습니까?"
공자께서 말씀하셨다.
"맨손으로 호랑이를 잡고 걸어서 황하를 건너가다가 죽는 일이 있어도 후
회하지 않는 그런 무모한 사람과는 함께 하지 않을 것이다. 일을 하는 데
있어서는 반드시 두려운 생각을 가지고, 신중하고 차분하게 잘 계획하여
일을 성취하려는 사려 깊은 사람과 함께할 것이다."

○ 해설   공자는 안연의 덕행에 대해 칭찬하였다. 자로는 3군의 통솔에는
탁월하다고 자신하였다. 그러나 스승이 보는 견해는 엄격한 것이다. 제
자에 대한 사랑과 진실이 어떠해야 하는지 알 수 있는 내용이다.

論語述而 부귀의 소중함

자 왈 부 이 가 구 야 　 수 집 편 지 사 　 오 역 위 지
子曰, 富而可求也이면 雖執鞭之士라도 吾亦爲之어니와.

여 불 가 구 　 종 오 소 호
如不可求인대는 從吾所好하리라.

○ 풀이 　 공자께서 말씀하셨다.

"만약 부(富)를 추구할 만한 좋은 세상이라면, 채찍을 드는 천한 일이라
도 나는 하겠다. 그러나 부를 추구하면 안 되는 세상이라면, 나는 내가 좋
아 하는 바 도를 따를 것이다."

○ 해설 　 공자는 부귀를 소중히 여겼다. 나라에 정도가 행해지는데도 가
난함은 부끄러운 일로 여겼다. 부가 떳떳한 노력으로 얻을 수 있다면 직
업의 귀천은 따지지 않겠다는 것이다. 그러나 부의 획득과정이 떳떳하지
못하다면 그 부는 뜬구름 같다는 것이다.

論語述而 음악의 경지

자 재 제 문 소 　 삼 월 부 지 육 미
子在齊聞 韶하시고 三月不知肉味하사

왈 　 부 도 위 락 지 지 어 사 야
曰, 不圖爲樂之至於斯也하리!

○ 풀이 　 공자께서 제나라에 계실 때 소(韶)라는 음악을 들으신 후, 석 달

동안 고기 맛을 잊으시고는 이렇게 말씀하셨다.
"음악이 이런 경지에 이를 수 있으리라고는 미처 생각지 못했구나!"

○ 해설　여러 방면에 폭넓은 관심을 지닌 공자는 음악에도 일가견이 있었다. 제나라에서 순임금의 소악에 접하게 되었을 때 석 달 동안을 음식 맛을 잊을 정도로 이에 도취되었던 것이다. 그는 이 음악을 진선진미(盡善盡美)한 것으로 격찬하였다.

인간성을 저버린 사람들

염유왈　부자위위군호
冉有曰, 夫子爲衛君乎아.

자공　왈　낙　오장문지
子貢이 曰, 諾다. 吾將問之하리라.

입왈　백이숙제　하인야　왈　고지현인야
入曰, 伯夷叔齊는 何人也이까? 曰, 古之賢人也니라.

왈　원호　왈　구인이득인　우하원
曰, 怨乎이까? 曰, 求仁而得仁이어니 又何怨이리오?

출왈　부자불위야
出曰 夫子不爲也시리라.

○ 풀이　염유가 자공에게 물었다.
"선생님께서 위나라 임금을 위해 일하시겠습니까?"
자공이, "내가 알아보겠소." 하고는 안으로 들어가 선생님께 물어보았다.

"백이숙제는 어떤 사람입니까?"

"옛날의 현인이었다."

"그들은 원망을 했습니까?"

"인(仁)을 구하여 바로 그 인을 얻었으니, 다시 무엇을 원망했겠느냐?"

자공이 나와서 말하였다.

"선생님께서는 위나라 임금을 위해 일하지 않으실 것이오."

○ 해설　당시 위나라의 정세는 무능한 영공으로 인해 혼란 상태에 빠져 있었다. 영공의 태자 괴외가 생모인 남자를 살해하려다 뜻을 이루지 못하고 송나라로 망명하였다. 몇 년 후 영공이 세상을 떠나자 괴외의 아들 첩이 보위에 올랐다. 이 사람이 위나라의 출공이다. 그러나 출공의 아버지인 괴외는 보위에 오르기 위해 진(晉)나라의 도움을 얻어 위나라에 쳐들어 왔다. 이리하여 괴외와 출공 부자의 16년 동안의 내란이 일어나게 된 것이다. 염유와 자공은 이런 와중에 스승 공자의 거취가 궁금하였다. 백이숙제에 대한 공자의 대답을 듣자, 자공은 인간성을 저버리는 자들을 위해 스승이 협력하지 않을 것을 알게 된 것이다.

📖 무상하고 인연이 없는 일

자 왈　　반 소 사 음 수　　　곡 굉 이 침 지
子曰, 飯疏食飲水하고 曲肱而枕之라도

악 역 재 기 중 의
樂亦在其中矣니.

불 의 이 부 차 귀　　　어 아 여 부 운
不義而富且貴는 於我如浮雲이니라.

○ 풀이　　공자께서 말씀하셨다.

"변변치 않은 밥을 먹고 물을 마신 뒤에 팔을 베개 삼아 잠을 잔다. 즐거움이란 그런 가난함 속에 있는 법이다. 도리에 어긋나는 짓으로 부자가 되거나 신분이 높아지는 것은 나에게는 뜬구름처럼 무상하고 인연이 없는 일이다."

○ 해설　　자아를 절제한 무욕의 경지, 그 자체를 즐기는 공자의 탈속한 모습이다. 의롭지 못한 방법으로 얻는 부귀는 뜬구름으로 보았다. 그러나 떳떳한 녹봉까지 혐오한 것은 절대 아니다.

📖 쉰 살에 역(易)을 배운다면

자 왈　　가 아 수 년　　　오 십 이 학　역　　　가 이 무 대 과 의
子曰, 加我數年하여, 五十以學 易이면, 可以無大過矣리라.

○ 풀이　　공자께서 말씀하셨다.

"앞으로 나에게 몇 년의 시간이 더 주어져 쉰 살에 역(易)을 배운다면, 큰 허물이 없을 것이다."

○ 해설   중년의 시기는 자기의 모든 것을 돌이켜보며 부족한 점을 찾아내어 실용적인 지식을 학습하고 보충하는 시기이다. 공자는 50세에 『주역』으로써 천리를 깊이 연구하고 본성을 다하고, 천명을 아는 지혜를 얻었다고 한다.

늙는 것조차 알지 못한다

섭공 문공자어자로   자로부대   자왈   여해불왈
葉公 問孔子於子路어늘 子路不對한대 子曰, 女奚不曰,

기 위 인 야 발 분 망 식   락 이 망 우
其爲人也 發憤忘食하며 樂以忘憂하여,

부 지 노 지 장 지 운 이
不知老之將至云爾오?

○ 풀이   섭공이 자로에게 공자의 사람됨을 물었는데, 자로가 대답하지 않았다. 이 말을 듣고 공자께서 말씀하셨다.
"너는 왜 '그분은 뭔가 의욕적인 일이 생기면 먹는 것도 잊고, 도를 즐기느라 근심을 잊어 늙는 것조차 알지 못한다.'라고 말하지 않았느냐?"

○ 해설   공자는 의문을 해결하기 위해 몰두했다. 그리고 그 의문이 풀렸을 때 기뻐하고 즐거워할 줄 알았다.

세상의 도리

_{자 왈 아 비 생 이 지 지 자 호 고 민 이 구 지 자 야}
子曰, 我非生而知之者라, 好古하여 敏以求之者也로라.

○ 풀이 공자께서 말씀하셨다.
"나는 태어나면서부터 세상의 도리를 알았던 것이 아니라, 옛것을 좋아
하여 부지런히 탐구해서 알게 된 것이다."

○ 해설 공자는 자기는 결코 태어나면서부터 아는 그런 천재가 아니고,
그저 옛것을 좋아해 거기서 미래를 추구하는 자일 뿐이라고 했다. 얼마
나 겸손한 말씀인가? 공자의 박식과 미덕은 과거 남들이 연구한 성과를
바탕으로 하여 부지런히 탐구해 그것을 갈고 닦아 자기 것으로 만들었다.

합리적인 가치관

_{자 불 어 괴 력 난 신}
子不語 怪 · 力 · 亂 · 神이러시다.

○ 풀이 공자께서는 괴이(怪異)한 일이나 폭력, 난동, 그리고 귀신에 대
해서는 말씀하지 않으셨다.

○ 해설 공자의 관심사는 괴이한 것이 아니라 범상(凡常)한 것이며, 폭력
이 아니라 덕이며, 무질서나 파괴 행위가 아니라 질서이며, 귀신이 아니
라 인간에 대한 것이다. 이렇게 그의 사유(思惟)는 이성과 현실과 합리성

(合理性)에 바탕을 두고 있다. 그는 주나라 이전부터 성행하던 점복(占卜)·주술(呪術)과 같은 미신적인 관심에서 사람들을 해방시키고자 하였다. 공자는 당대의 누구보다도 더 현실적이고 실용적이며 합리적인 가치관을 가지고 있었던 것이다.

나의 스승

자 왈   삼 인 행   필 유 아 사 언
子曰, 三人行에 必有我師焉이니

택 기 선 자 이 종 지   기 불 선 자 이 개 지
擇其善者而從之오, 其不善者而改之니라.

○ 풀이   공자께서 말씀하셨다.
"세 사람이 함께 길을 가면, 그중에 반드시 나의 스승이 있다. 그 가운데 나보다 나은 사람의 좋은 점을 따르고, 나보다 못한 사람의 좋지 않은 점을 보고 거울삼아 고치도록 한다."

○ 해설   몇 사람이 모여 의논하면 꼭 유용한 것을 배울 수 있다는 말이다. 현명한 사람으로부터 배울 것이 있겠지만, 현명치 못한 사람에게도 배울 교훈이 있을 수 있다.

🔲 그 무엇도 숨기는 게 없다

자 왈 이삼자 이아위은호 오무은호이
子曰, 二三子는 以我爲隱乎아. 吾無隱乎爾로라.

오무행이불여 이삼자자 시구야
吾無行而不與 二三子者니 是丘也니라.

○ 풀이 공자께서 말씀하셨다.

"너희들은 내가 숨기고 있는 일이 있다고 생각하는가? 나는 아무것도 숨기는 게 없다. 내가 행하는 일치고 너희들에게 보여주지 않은 것이 없으니, 그것이 곧 나일세."

○ 해설 공자의 학덕이 워낙 높고 깊어서 제자들은 스승의 가르침을 미처 따라갈 수 없었다. 또한 그들은 스승이 무언가 가르치지 않고 감추는 것이 있지나 않나 하고 의혹을 품을 수도 있었다. 이 점에 대해 공자는 제자들을 타이르고 있다. 즉 너희들과 일상생활의 기거동작을 함께 하는 가운데 나의 모든 것을 솔직하게 보여주고 있는 것이다.

🔲 글 · 덕행 · 충성 · 신의

자이사교 문 행 충 신
子以四敎하시니 文 · 行 · 忠 · 信이니라.

○ 풀이 공자께서는 네 가지를 가르치셨다. 그것은 글(경전) · 덕행 · 충성 · 신의였다.

○ 해설　공자 교실의 교과내용은 원칙적으로 4과목이다. 그것은 먼저 문리와 행실로써 자기수양을 쌓고 다음으로 충성과 신용으로써 사회적 관계로 나아가도록 구성되었다.

한결같은 마음을 지닌 사람

자왈　성인　오부득이견지의
子曰, 聖人을 吾不得而見之矣어든

득견군자자　사가의
得見君子者면 斯可矣니라.

자왈　선인　오부득이견지의
子曰, 善人을 吾不得而見之矣어든

득견유항자　사가의
得見有恒者면 斯可矣니라!

망이위유　허이위영　약이위태　난호유항의
亡而爲有하며 虛而爲盈하며 約而爲泰면 難乎有恒矣니라!

○ 풀이　공자께서 말씀하셨다.

"내가 성인을 만나볼 수 없다면, 군자라도 만나볼 수 있으면 좋겠다."

공자께서 말씀하셨다.

"선한 사람을 만나볼 수 없다면, 한결같은 마음을 지닌 사람이라도 만나볼 수 있으면 좋겠다! 없으면서도 있는 체하고 텅 비었으면서도 가득 찬 체하며, 가난해도 태연해야 하니 한결같은 마음을 지니기란 어려운 것이다."

○ 해설 　세상을 구제할 성인을 만나는 것은 큰 행운일 것이다. 민주사회는 없는 성인을 찾는 대신, 보통의 시민 중에서 원하는 사람을 뽑아 일을 맡기고, 모자라는 부분은 제도나 법으로 보완하는 장치를 한다.

잠자는 새는 쏘지 않았다

자 조 이 불 강　　　익 불 사 숙
子釣而不綱하시며 弋不射宿이러시다.

○ 풀이 　공자께서는 낚시질을 하였으나 그물을 쓰지는 않으셨고, 주살로 나는 새를 잡아도 잠자는 새는 쏘지 않으셨다.

○ 해설 　공자는 젊고 빈천했던 시절, 제사와 손님 접대를 위해 물고기를 잡고 새 사냥을 한 적이 있었다. 그러나 그는 한꺼번에 많은 양을 잡지는 않았다. 즉 물고기는 낚시로 소량을 잡고, 새를 잡는 경우에는 잠자는 새를 쏘지는 않았다. 이와 같이 군자는 부득이 사냥을 하더라도 최소한의 살생으로 그치는 것이다.

論語述而 아는 것에 버금가는 일

자 왈   개 유 부 지 이 작 지 자   아 무 시 야
子曰, 蓋有不知而作之者아 我無是也로라.

다 문   택 기 선 자 이 종 지   다 견 이 지 지   지 지 차 야
多聞하여 擇其善者而從之하며 多見而識之 知之次也니라.

○ 풀이   공자께서 말씀하셨다.

"잘 알지도 못하면서 함부로 창작을 하는 사람이 있으나, 나는 그렇게 하지 않는다. 많이 듣고 그 가운데 좋은 것을 택하여 따르며, 많이 보고 그 가운데 옳은 것을 기억해 둔다. 이것은 나면서부터 아는 것에 버금가는 일이다."

○ 해설   공자는 저술을 위한 학문적 축적을 다문·다견이란 방식에 의존하였다. 거기서 선의 방식을 찾아 행하고 사물의 이치를 탐구했던 것이다. 불세출의 대성인도 이런 통상적 방식으로 공부하였다.

論語述而 지난날의 허물

호향　　난여언　　　동자견　　　문인　　혹
互鄕은 難與言이러니 童子見커늘 門人이 惑한대

자왈　여기진야　　　불여기퇴야　　유하심
子曰, 與其進也오 不與其退也니 唯何甚이리오?

인결기이진　　　　여기결야　　　불보기왕야
人潔己以進이어든 與其潔也요 不保其往也니라.

○ 풀이　　호향은 나쁜 고장이어서 그곳 사람과는 함께 얘기할 게 못 되었
는데 그곳 아이가 선생님을 찾아뵙자, 제자들이 당황하였다.
공자께서 말씀하셨다.
"찾아오는 이는 맞아들여야 하고, 가는 이는 막지 말아야 한다. 덮어놓고
심하게 대할 수 있겠느냐? 사람이 자신을 깨끗이 하고 바른 길로 나아가려
할 때, 그 깨끗함을 받아들인 것이니 지난날의 허물을 묻지 말아야 한다."

○ 해설　　제자들이 잘못된 선입관으로 호향 사람들을 기피하는 것을 탓
한 것이다.

論語
述而 인(仁)은 곧 다가온다

자 왈 인 원 호 재   아 욕 인   사 인 지 의
子曰, 仁遠乎哉아? 我欲仁이면 斯仁至矣니라.

○ 풀이   공자께서 말씀하셨다.

"인이 멀리 있단 말인가? 내가 인을 실천하고자 하면 인은 곧 다가온다."

○ 해설   인(仁)은 곧 인간애를 뜻하는 말이다. 그것은 성인(聖人)이나 군
자들만이 선(善)이 아니라, 보통사람들의 마음속에도 깃들어 있는 것이
다. 그러므로 누구나 인을 실천하길 원한다면, 곧 인자(仁者)가 될 수 있
다. 이렇게 공자는 인간의 도덕적 능력을 긍정적으로 보고 있다. 이와 같
은 그의 신념은 맹자의 성선설(性善說)로 자연스레 이어지는 것이다.

論語述而 공자의 진면목

진사패문 소공 지례호 공자왈 지례
陳司敗問, 昭公이 知禮乎인고? 孔子曰, 知禮시니라.

공자퇴 읍무마기 이진지 왈
孔子退커늘 揖巫馬期 而進之 曰,

오문군자 부당 군자역당호
吾聞君子는 不黨이라 하니 君子亦黨乎아

군 취어오 위동성 위지오맹자
君取於吳하니 爲同姓이라 謂之吳孟子라 하니

군 이지례 숙부지례 무마기이고
君而知禮면 孰不知禮리오. 巫馬期以告한대

자왈 구야행 구유과 인필지지
子曰, 丘也幸이로다. 苟有過어든 人必知之오녀.

○ 풀이　진나라 사패가 물었다.

"소공이 예를 압니까?"

공자께서 말씀하셨다.

"알고 계십니다."

공자께선 이 말만을 말씀하시고 자리를 뜨셨다. 그 뒤 사패는 무마기(巫馬期)에게 인사를 하더니 그를 자기 곁으로 불러서 이렇게 말했다.

"나는 군자라는 자는 패거리를 짓지 않는 걸로 알고 있는데 역시 군자에게도 그게 있을까요? 이렇게 말씀드리는 건, 소공은 오(吳)나라에서 아내를 맞았지만 자기와 동성(同姓)인지라 속여서 오맹자(吳孟子)라고 부르게 되었지요. 만일 그대로 소공이 예를 아시는 분이라면, 세상에서 예를 모르는 사람은 누가 있겠습니까?"

무마기가 그 후 이런 말을 선생께 고했더니, 공자께서 말씀하셨다.
"나는 행복하다. 약간의 잘못이 있어도 남이 반드시 알아차리는구나."

○ 해설　공자가 소공이 예를 안다고 대답한 건, 자기 나라의 군주의 일을 다른 나라의 관리 앞에서 나쁘게 말하는 게 비례(非禮)가 될 뿐 아니라, 그 수치를 차마 참을 수 없었기 때문이었으리라. 여기에 공자의 진면목이 있지 않을까 생각된다.

論語述而 지행합일(知行合一)의 태도

자 여 인 가 이 선　　필 사 반 지　　이 후 화 지
子與人歌而善이어든 必使反之하시고 而後和之러시다.

○ 풀이　공자는 남과 같이 노래를 부를 때, 남이 잘 부르면, 반드시 그로 하여금 다시 부르게 하고, 그 다음에 함께 맞추어 노래를 불렀다.

○ 해설　공자는 음악에도 열정을 가졌다. 남이 노래를 잘 부르면 따라 배워서 즐기려 했던 것이다. 다른 것과 마찬가지로 음악에 있어서도 지행합일의 태도가 나타나고 있다.

공자의 철저한 인본주의(人本主義) 사상

자 질 병
子疾病이시어늘 子路請禱한대 子曰, 有諸아?

자 로 대 왈 유 지
子路對曰, 有之하니 誄曰 禱爾于上下神祇라 하더이다.

자 왈 구 지 도 구 의
子曰, 丘之禱久矣니라.

○ 풀이　공자께서 심하게 병을 앓자, 자로가 기도를 드리자고 했다. 이에 공자께서 "그런 일이 있느냐?" 하고 묻자, 자로가 "있습니다. 뇌문에 위로는 천신에게 빌고, 아래로는 지기에게 빈다고 했습니다."라고 말했다. 그러자 공자께서 말씀하셨다.

"그런 기도라면, 나는 이미 오래전부터 하고 있었다."

○ 해설　자로의 기도는, 말하자면 괴로울 때에 신께 비는 기도이고 미신적 기도를 하기 위한 게 아니었다. 하지만 스승의 병환이 몹시 위중해서 그대로 앉아만 있을 수는 없었다. 기도라도 드려봐야지 하는 생각에서 말씀드렸던 것이다. 그런데 공자가 그런 기도는 해온 지 오래되었으니 새삼스레 할 필요가 있겠느냐는 말에 그만 자로는 그 뜻을 이루지 못하고 말았던 것이다. 공자가 이렇게 말씀하신 건 자신이 본래 하늘의 뜻을 받들어 그 뜻에 어긋남이 없이 조심했기 때문에 천지신명께 기도를 했던 것과 다를 바가 없었고, 또한 미신을 벗어나지 못하고 있는 자로를 일깨우기 위한 말이었다고도 볼 수 있다. 공자의 철저한 인본주의(人本主義) 사상이 나타난 말이라고 보겠다.

論語述而 차라리 고루한 편이 낫다

자 왈 사 즉 불 손 검 즉 고 여 기 불 손 야 영 고
子曰, 奢則不孫하고 儉則固니, 與其不孫也론 寧固니라.

○ 풀이 　공자께서 말씀하셨다.
"사치스러우면 공손함을 잃게 되고 검소하면 고루(인색)하게 되기 쉽다.
공손함을 잃기보다는 차라리 고루한 편이 더 낫다."

論語述而 사람의 마음이 달라지는 수양

자 왈 군 자 탄 탕 탕 소 인 장 척 척
子曰, 君子는 坦蕩蕩이요 小人은 長戚戚이니라.

○ 풀이 　공자께서 말씀하셨다.
"군자는 마음이 평온하고 너그럽지만, 소인은 항상 겁내고 두려워한다."

○ 해설 　군자는 진리를 탐구하고 인애(人愛)의 정신을 펼치고자 하는 사
람이다. 정신적으로 수양이 되어 있고 부귀영화에 연연해하지 않는 그는
마음이 늘 편안하고 너그럽다. 이에 반하여 소인은 부조리한 방법으로
재물과 이권을 차지하기 위해 급급해 한다. 정신적으로 수양이 안 된 그
는 늘 근심과 두려움에 싸여 있다. 이렇게 수양 여부에 따라 사람의 마음
은 크게 달라지는 것이다.

🔲 성인의 인품

자   온 이 려   위 이 불 맹   공 이 안
子는 溫而厲하시며 威而不猛하시며 恭而安이러시다.

○ 풀이   공자께서는 온화하면서도 엄숙하시고 위엄이 있으면서도 사납지 않으시며, 공손하시면서도 대하기에 편안하셨다.

○ 해설   공자의 위대한 성품을 묘사한 말이다. 공자의 인품은 중화(中和)를 얻었으므로 신비롭게 보일 것이다. 『논어』에는 여러 곳에 공자의 탁월한 인품을 묘사한 말이 많다.

공자가 제자들과 아침저녁으로 생활을 함께 하면서도 변함없는 존경과 신뢰를 얻기란 쉬운 일이 아닐 것이다. 왜냐하면 뛰어난 인물도 인간으로서의 약점과 한계를 지니고 있기 때문이다. 그러나 공자의 경우는 예외였다. 그는 늘 제자들의 존경과 숭배의 대상이었다. 이 짧은 문장에는 조화와 균형을 이룬 성인(聖人)의 인품이 잘 그려져 있다.

8장

바르게 사는 도리

본 장은 고대 성현(聖賢)이 베푼 정치도(政治道)에 관한 말씀과 공자 자신에 관한 말씀이 실려 있는데, 그중 증자(曾子)의 말이 뛰어나다. 배움을 권장하고 몸가짐을 바르게 하며, 도(道)를 지키고 바르게 다스리는 도리를 논한 글들이 많다.

論 語
泰 伯

공자의 탁월한 인품

자왈 태백 기가위지덕야이의
子曰, 泰伯은 其可謂至德也已矣로다!

삼이천하양 민무득이칭언
三以天下讓하되 民無得而稱焉이오녀.

○ 풀이 　공자께서 말씀하셨다.

"태백이야말로 지극히 덕이 높은 분이라 할 수 있다. 세 차례나 천하의 임금 자리를 양보했으면서도, 은밀히 했으므로 백성들이 그의 미덕을 칭송조차 하지 못했다."

○ 해설 　공자의 위대한 성품을 묘사한 말이다. 공자의 인품은 중화(中和)를 얻었으므로 신비롭게 보일 것이다.

예(禮)가 없으면 헛수고다

자왈 공이무례즉노 신이무례즉사
子曰, 恭而無禮則勞하고 愼而無禮則葸하고

용이무례즉난
勇而無禮則亂니라,

직이무례즉교 군자독어친 즉민흥어인
直而無禮則絞니라. 君子篤於親 則民興於仁하고

고구불유 즉민불투
故舊不遺 則民不偸니라.

○ 풀이　공자께서 말씀하셨다.

"공경스러움에도 예(禮)가 없으면 헛수고가 되고, 신중함도 예가 없으면 두려워하는 것이 되며, 용맹함도 예가 없으면 난폭한 것이 되고, 강직함도 예가 없으면 가혹하게 된다. 군자가 친척들에게 후하게 대하면 백성들이 인애(仁愛)의 기풍을 일으키게 되고, 옛 친구를 저버리지 않으면 백성들의 마음도 야박해지지 않는다."

🔲 얇은 얼음을 밟듯 하라

증자유질　　소문제자왈　계여족　　계여수
曾子有疾하자, 召門弟子曰, 啓予足하며 啓予手하라.

시운　전전긍긍　여림심연　　여리박빙
詩云, 戰戰兢兢 如臨深淵하며 如履薄氷이라 하니

이금이후　　오지면부　　소자
而今而後에야 吾知免夫와라 小子아.

○ 풀이　증자가 병을 앓자, 제자들을 불러 말했다.

"내 발을 펴 보아라! 내 손을 펴 보아라! 『시경』에 '전전긍긍하여 깊은 못가에 서 있는 듯, 얇은 얼음을 밟듯 하라.'고 했다. (그러므로 나는 그간 몸을 조심하였는데) 이제부터는 내가 걱정을 면하게 되었구나! 제자들아!"

○ 해설　부모가 준 몸을 온전하게 간직해야, 부모에게 효도하고 또 문화를 계승 발전시킬 수 있다. 그러므로 『효경(孝經)』에서 '신체발부(身體髮膚) 수지부모(受之父母) 불감훼손(不敢毀損) 효지시야(孝之始也)'라고 했다.

군자의 세 가지 예도

증 자 유 질　　맹 경 자 문 지
曾子有疾이어늘 孟敬子問之러니

증 자 언 왈　조 지 장 사　　기 명 야 애
曾子言曰, 鳥之將死에 其鳴也哀하고

인 지 장 사　　기 언 야 선
人之將死에 其言也善이니라.

군 자 소 귀 호 도 자 삼　　　동 용 모　　사 원 포 만 의
君子所貴乎道者三이니 動容貌에 斯遠暴慢矣며

정 안 색　　사 근 신 의　　출 사 기　　사 원 비 배 의
正顔色에 斯近信矣며 出辭氣에 斯遠鄙倍矣니

변 두 지 사　　즉 유 사 존
籩豆之事 則有司存이니라.

○ 풀이　　증자가 병에 걸리자 맹경자가 문병을 왔다. 이에 증자가 그에게
말했다. "새가 죽으려 할 때는 울음소리가 애처롭고, 사람이 죽으려 할
때는 그의 말이 착합니다. 군자로서 소중히 여길 바 세 가지의 예도가 있
습니다. 몸놀림을 예에 맞게 하면 난폭을 멀리할 것이며, 안색을 예에 맞
게 지니면 신의를 가까이 할 것이며, 말을 예에 맞게 하면 비천한 억지를
멀리할 것입니다. 제사 때 제기를 다루는 일은 전담자에게 맡기십시오."

○ 해설　　새가 죽을 때는 그 울음이 구슬프고, 사람이 죽을 때는 그 말이
거짓이 없어진다고 하면서 군자의 행동지침 세 가지를 제시했다. 증자의
이 말은 소열제(昭烈帝) 유비(劉備)의 유언으로 『명심보감』등에 인용되어
유명하다.

論語泰伯 자기관리 수단

증자왈 이능문어불능 이다문어과 유약무
曾子曰, 以能問於不能하며 以多問於寡하며 有若無하며,

실약허 범이불교 석자오우상종사어사의
實若虛하며 犯而不校를 昔者吾友嘗從事於斯矣러니라.

○ 풀이 　증자가 말하였다.

"유능하면서도 재능이 없는 사람한테 가르침을 청하고, 학식이 많은 데
도 학식이 적은 사람에게 물으며, 갖고 있으면서도 없는 듯하고, 꽉 차 있
으면서도 텅 빈 듯하며, 남에게 욕을 보아도 잘 잘못을 따지지 않으며 다
투지 않는다. 옛날에 나의 친구가 이를 실천하며 살았다."

○ 해설 　안회는 다섯 가지 면에서 겸손할 수 있었다. 겸손한 행동은 자
신의 능력을 비축하고 목표를 더욱 효과적으로 이룰 수 있게 하는 자기
관리 수단이다.

論語 泰伯 참으로 군자다운 사람

증 자 왈   가 이 탁 육 척 지 고   가 이 기 백 리 지 명
曾子曰, 可以託六尺之孤하며 可以寄百里之命이오

임 대 절 이 불 가 탈 야   군 자 인 여   군 자 인 야
臨大節而不可奪也면 君子人與아 君子人也니라.

○ 풀이   증자가 말하였다.

"안심하고 어린 임금의 보필을 부탁할 수 있고, 백 리 되는 나라의 사직
을 맡길 수 있으며, 존망이 달린 위급한 때에도 절개를 굽히지 않는다면
군자다운 사람일까? 참으로 군자다운 사람이다."

○ 해설   군자의 지위는 학력이나 경력만으로 되는 것이 아니다. 어떤 가
치에 관해 신념과 절의를 가지고 그에 대한 확고한 의식이 필요하다.

論語泰伯 인(仁)의 실현을 자신의 임무로 삼아야 한다

증 자 왈　사 불 가 이 불 홍 의　　임 중 이 도 원
曾子曰, 士不可以不弘毅니 任重而道遠이니라

인 이 위 기 임　　불 역 중 호
仁以爲己任이니 不亦重乎아?

사 이 후 이　　불 역 원 호
死而後已니 不亦遠乎아?

○ 풀이　증자가 말하였다.

"선비는 반드시 뜻이 넓고 굳세어야 한다. 그것은 임무는 막중하고 갈 길이 멀기 때문이다. 인(仁)의 실현을 자신의 임무로 삼으니 또한 책임이 무겁지 않겠는가? 죽은 뒤에야 이 일이 끝나는 것이니, 그 길이 역시 멀지 않겠는가?"

○ 해설　군자는 지도자이다. 그러므로 반드시 인내심이 있고 부지런하며 분발해야 한다.

論語泰伯 깊은 이치를 다 알게 할 수는 없다

자 왈　민　　가 사 유 지　　불 가 사 지 지
子曰, 民은 可使由之요 不可使知之니라.

○ 풀이　공자께서 말씀하셨다.

"백성들이란 도리를 따르게 할 수는 있지만, 그 깊은 이치를 다 알게 할

수는 없다.”

○ 해설　옛날에는, 일반 백성은 무지하고 몽매한 사람이 많았다. 그래서
학문과 예법과 정책의 원리를 알게 할 수는 없었다. 따라서 위정자(爲政
者)가 정당한 방법을 제시하여 이를 백성으로 하여금 따르게 해야 한다
는 말씀이다.

均형을 잃은 감정과 행동

자 왈　호 용 질 빈　　난 야
子曰, 好勇疾貧이 亂也요

인 이 불 인　　질 지 이 심　　난 야
人而不仁을 疾之已甚이 亂也니라.

○ 풀이　공자께서 말씀하셨다.
“용맹스러운 것을 좋아하면서 가난을 싫어하면 난동을 일으키게 된다.
사람이 어질지 못하다고 해서 그것을 지나치게 미워해도 난동이 일어나
게 된다.”

○ 해설　공자는 용감하면서 무례하면 곧 난이라 하였다. 균형을 잃은 감
정이나 행동은 사회적으로나 개인적으로나 비용은 증가시킬지언정 이
익은 되지 않는다.

교만함과 인색함

論語泰伯

자 왈 여 유 주 공 지 재 지 미 사 교 차 린
子曰, 如有周公之才之美라도 使驕且吝이면

기 여 부 족 관 야
其餘不足觀也니라.

○ 풀이　공자께서 말씀하셨다.

"만약 주공처럼 훌륭한 재능을 지니고 있다 하더라도, 남에게 교만하거나 혹은 인색하다면 그 나머지는 볼 것도 없다."

○ 해설　사회 지도층에 있는 인물이 가장 경계해야 할 점은 교만함과 인색함일 것이다. 교만은 원래 부귀에서 비롯되고, 인색은 마음이 어질지 않고 욕심이 많은 데서 나온 것이다. 만약 주나라의 문물제도와 예악의 집대성자인 주공같이 출중한 인물도 이런 단점이 있었다면 성인(聖人)이라고 불릴 수 없었을 것이다. 공자는 위정자가 포용력이 없고 몰인정해서는 아니 됨을 강조하고 있다. 다시 말하자면 이런 악덕을 지닌 자는 위정자로서의 자격이 없는 것이다.

鬮 기다림의 지혜

자 왈   삼 년 학   부 지 어 곡   불 이 득 야
子曰, 三年學에 不至於穀은 不易得也니라.

○ 풀이   공자께서 말씀하셨다.
"삼 년을 배우고도 벼슬에 뜻을 두지 않음은 쉬운 일이 아니다."

○ 해설   진정으로 직장에서 인정을 받고 성공을 극대화하고 싶다면 그런 일에 필요한 기술과 지식을 습득할 때까지 느긋하게 기다릴 줄을 알아야 한다. 참고 기다리며 자기를 발전시켜 나가다 보면 능력을 발휘할 적기임을 알아차릴 날이 반드시 올 것이기 때문이다.

鬮 도가 없으면 숨어야 한다

자 왈   독 신 호 학   수 사 선 도
子曰, 篤信好學하며 守死善道니라.

위 방 불 입   난 방 불 거
危邦不入하고 亂邦不居하며

천 하 유 도 즉 견   무 도 즉 은
天下有道則見하고 無道則隱이니라.

방 유 도   빈 차 천 언   치 야
邦有道에 貧且賤焉이 恥也며

방 무 도   부 차 귀 언   치 야
邦無道에 富且貴焉이 恥也니라.

○ 풀이   공자께서 말씀하셨다.

"독실하게 믿고 배우기를 좋아하며, 죽음으로써 도를 지키고 높여야 한다. 위태로운 나라에는 들어가지 말고, 문란한 나라에는 살지 말아야 한다. 천하에 도가 있으면 나타나고, 도가 없으면 숨어야 한다. 나라에 도가 있는데 가난하고 천하게 산다면 부끄러운 일이며, 나라에 도가 없는데 부귀를 누린다면 이 또한 부끄러운 일이다."

○ 해설   군자가 사회에 기여할 적절한 환경을 예시하고 있다. 출사(出仕)해야 할 때에 은둔하여 가난하거나, 출사하지 않아야 할 때에 출사하여 부유한 것이 다 같이 불명예일 것이다.

자기 권한을 벗어나서는 안 된다

자 왈   부 재 기 위   불 모 기 정
子曰, 不在其位하면 不謀其政이니라.

○ 풀이   공자께서 말씀하셨다.

"그 직위에 있지 않으면, 그 정사를 논하지 말라."

○ 해설   자기 권한을 벗어나 남의 일에 간섭하는 것이 되면 의견의 마찰과 원망을 사기 쉽다. 설령 간섭할 경우라도 가급적 겸손한 태도로써 해야 한다.

論語 泰伯 신의마저 없는 사람

자 왈   광 이 부 직   동 이 불 원
子曰, 狂而不直하며 侗而不愿하며

공 공 이 불 신   오 부 지 지 의
悾悾而不信을 吾不知之矣로라!

○ 풀이   공자께서 말씀하셨다.
"과격하면서도 마음이 곧지 못하고, 아는 것도 없으면서 착실하지 않으며, 무능하면서도 신의마저 없는 사람을 나로서는 어찌해야 좋을지 모르겠다."

○ 해설   이 세상에는 장점을 가진 자가 쉽게 타락해 버리는 경우가 많다. 아마 이런 사람들은 자기의 그런 결점이 어떤 상황에서는 파멸의 원인이 되기도 한다는 것을 깊게 성찰해 볼 기회를 가져보는 것이 필요할 것이다.

論語 泰伯 학문은 소중히 간직해야 한다

자 왈   학 여 불 급   유 공 실 지
子曰, 學如不及이오 猶恐失之니라.

○ 풀이   공자께서 말씀하셨다.
"학문은 따라가지 못할 듯이 서둘러 배우고, 배운 것을 잃어버릴까 두려워하며 소중히 간직해야 한다."

泰伯 높고 위대한 요순임금

자왈 외외호 순우지유천하야 이불여언
子曰, 巍巍乎 舜禹之有天下也 而不與焉이여.

○ 풀이　공자께서 말씀하셨다.

"참으로 높고 위대하도다! 순임금과 우임금께서는 천하를 지니고 다스리면서도, 다른 사람에게 선양했다."

泰伯 찬연히 빛을 발하리라

자왈 대재 요지위군야
子曰, 大哉라 堯之爲君也여

외외호 유천 위대 유요즉지
巍巍乎 唯天이 爲大시어늘 唯堯則之하시니

탕탕호 민무능명언
蕩蕩乎 民無能名焉이로다.

외외호 기유성공야 환호 기유문장
巍巍乎 其有成功也여 煥乎 其有文章이여.

○ 풀이　공자께서 말씀하셨다.

"위대하도다! 요의 임금 됨이여! 높고 위대하도다! 오직 하늘만이 그토록 높고 클 수 있나니, 요는 하늘을 따라 본받았노라! 그 덕이 넓고 넓어 백성들이 말로 칭송할 수 없노라! 높고 높은 그의 공적이여! 그의 문물이 찬연히 빛을 발하리라!"

○ 해설 가장 좋은 정치는 공기나 태양처럼 사람들이 그의 존재를 느끼지 못하는 가운데 백성을 널리 이롭게 해야 하는 것으로 여긴다. 여기에서는『서경(書經)』의 제전(帝典)을 본받은 내용으로 요임금을 하늘에 비유하여 그의 치적을 칭찬하고 있다.

論語 泰伯 우(禹)임금

자 왈 우   오 무 간 연 의   비 음 식 이 치 효 호 귀 신
子曰, 禹는 吾無間然矣로라. 菲飮食 而致孝乎鬼神하시며

악 의 복 이 치 미 호 불 면   비 궁 실 이 진 력 호 구 혁
惡依服 而致美乎黻冕하시며 卑宮室 而盡力乎溝洫하시니

우 오 무 간 연 의
禹吾無間然矣로다.

○ 풀이　공자께서 말씀하셨다. "우임금에 대해서 나는 비난할 수 없다. 자신의 음식은 형편없으면서도 조상에게 제사를 지낼 때에는 정성껏 모셨고, 자신의 의복은 검소하게 입으면서도 제사 때의 예복은 정성을 다해 아름답게 꾸몄다. 궁궐은 허름하게 하면서도 농사에 필요한 물길을 파는 데는 온 힘을 다했다. 우임금에 대해서 나는 흠잡을 수가 없다."

○ 해설　우임금은 낡고 허술한 궁실에서 간소한 음식과 의복으로 생활하였다. 그러나 제사에 쓸 제물이나 전답의 용수로 공사에는 늘 최선을 다하였다. 백성들은 우임금의 공로를 잊지 못하여, 자손들이 계속 왕위를 잇도록 하였다.

9장

공자의 덕행

본 장은 공자의 덕행(德行)에 관한 것과 만년(晩年)의 말씀이 수록되어 있다.

論 語
子 罕

천명이나 인덕과 더불어

자　한 언 이　　여 명　　　여 인
子는 罕言利하시며 與命하시며 與仁이러시다.

○ 풀이　공자께서는 세속적인 이득에 관한 문제는 말씀하시지 않으셨다. 때때로 여쭈어 보면, 반드시 천명이나 인덕과 더불어 관련지어 말씀하셨다.

○ 해설　공자는 도덕적으로 타락한 세상에서, 설사 세속적인 이득을 얻고 또 부귀영화를 누리는 것을 '하늘이 복을 내렸다, 혹은 인덕이 있어서 그렇다.'는 식으로 말하지 않았다는 뜻이다. 악덕한 세상에서 잘사는 것은 악덕하기 때문이다.

차라리 수레 모는 일로 이름을 내리라

달 항 당 인 왈　대 재　공 자　박 학 이 무 소 성 명
達巷黨人曰, 大哉라 孔子여 博學而無所成名이로다.

자 문 지　　위 문 제 자 왈　오 하 집
子聞之하시고 謂門弟子曰, 吾何執고

집 어 호　집 사 호　오 집 어 의
執御乎아 執射乎아 吾執御矣로리라.

○ 풀이　달항의 마을 사람이 말했다.
"참 크기도 하다. 공자는 박학다식하면서도, 한 가지 특출한 기능으로 그

164

의 명성을 내게 할 수가 없으니!"

이 말을 들은 공자께서 제자에게 말씀하셨다.

"내가 무엇을 가지고 이름을 내야 할까? 수레 모는 일로 이름을 낼까? 활 쏘는 일로 이름을 낼까? 차라리 수레 모는 일로 이름을 내리라."

○ 해설　달항의 마을 사람이 공자의 비전문성을 지적하자, 공자는 말몰이라도 배워 전문화할까 하고 말한다.

論語　교만은 예에 어긋난다

자 왈　마 면　　예 야　　금 야 순　　검　　오 종 중
子曰, 麻冕이 禮也어늘 今也純하니 儉이라 吾從衆하리라.

배 하　　예 야　　금 배 호 상
拜下이 禮也어늘 今拜乎上하니

태 야　　수 위 중　　오 종 하
泰也라 雖違衆이나 吾從下하리라.

○ 풀이　공자께서 말씀하셨다.

"삼실로 만든 면관을 쓰는 것이 예법에 맞는다. 지금은 명주실의 면관을 쓰는 것은 절감하기 위해서다. 나도 여러 사람의 방법을 따르겠다. 대청 아래에서 절하는 것이 예법에 맞지만, 지금은 대청 위에서 절을 하니 이는 교만한 짓이다. 비록 여러 사람의 방법과 다르더라도 나는 대청 아래에서 절을 하겠다."

○ 해설　예법(禮法)을 존중하고 실천하되, 예법의 근본 원리와 기본정신을 이해하고 따라야 한다. 근검절약하는 것도 예의 기본에 맞으므로 명주실로 만든 제관을 쓸 수도 있다. 교만은 예에 어긋난다.

네 가지의 실천

자 절 사　　　무 의　　　무 필　　　무 고　　　무 아
子絶四러시니 毋意하고 毋必하고 毋固하고 毋我러시다.

○ 풀이　공자께서는 다음의 네 가지를 전혀 하지 않으셨다. 곧, 사사로운 뜻이 없었다, 반드시 그렇다고 단정을 내리지 않았다, 고집에 매이지 않았다, 독단적인 아집이 없었다.

○ 해설　공자가 하지 않았던 네 가지는 시비곡직에 대한 판단을 혼란시키는 결점으로 작용한다. 어떤 경우에 처하더라도 자기 위치에 맞게 항상 자기를 믿고 다른 것을 탐하지 않고 중정(中正, 과불급이나 치우침이 없이 곧고 올바름)을 갖는 데 필요하지 않기 때문이다.

圖 하늘은 그 문화를 없애지 않는다

자   외 어 광   왈   문 왕 기 몰   문 부 재 자 호
子이 畏於匡이러시니 曰, 文王旣沒하시니 文不在玆乎아?

천 지 장 상 사 문 야   후 사 자 부 득 여 어 사 문 야
天之將喪斯文也신대 後死者 不得與於斯文也어니와

천 지 미 상 사 문 야   광 인   기 여 여 하
天之未喪斯文也시니 匡人이 其如子何리오?

○ 풀이   공자가 광(匡)에서 위태로운 지경에 빠졌을 때 말씀하셨다.
"문왕은 이미 돌아가셨지만, 그분이 남긴 문화는 나에게 전해져 있지 않
으냐? 하늘이 그의 문화를 없애려고 했다면, 후세 사람들이 그 문화에 관
여하지 못했을 것이다. 하늘이 그 문화를 없애려고 하지 않으니, 광의 사
람인들 나를 어찌 해치겠느냐?"

○ 해설   터무니없는 군중의 위협에도 문화의 계승자로서의 확신을 가진
공자의 의연한 언행을 목격하는 듯한 내용이다.

🏛 성인의 경지

대 재 문 어 자 공 왈 부 자   성 자 여   하 기 다 능 야
大宰問於子貢曰, 夫子는 聖者與아 何其多能也오.

자 공 왈 고 천 종 지 장 성   우 다 능 야
子貢曰, 固天縱之將聖이고 又多能也시니라.

자 문 지 왈 대 재 지 아 호   오 소 야 천   고 다 능 비 사
子聞之曰, 大宰知我乎아 吾少也賤이라 故多能鄙事하니

 군 자 다 호 재   부 다 야
君子多乎哉아 不多也니라.

뢰 왈 자 운 오 불 시 고   예
牢曰, 子云 吾不試 故로 藝라 하시니라.

○ 풀이　　태재(大宰)가 자공(子貢)을 찾아가서 말하였다.

"공 선생과 같은 사람이야말로 성인이라고 할 수 있겠지요. 아주 다능하시니까요."

자공이 대답했다.

"본래 천의(天意)에 맞는 덕이 많으신 분이어서, 참으로 성인의 경지에 이르셨습니다. 게다가 또 다능하시기도 합니다."

이 문답을 들으시고, 공자께서 말씀하셨다.

"태재는 참 나를 잘 알고 계시다. 나는 젊었을 때엔 비천한 몸이어서 쓸데없는 일에 능하기는 했다. 하지만 군자가 다능해야 하느냐? 아니다. 다능하지 않다."

이에 대해 자장이 말하였다.

"공자께서 말씀하시기를, '나는 관직에 등용되지 않았기 때문에 여러 가지 재주를 익히게 되었다.'라고 하셨다."

○ 해설　공자 인생의 첫 출발은 범인들과 같았다. 그는 기인도 천재도 신비감을 지닌 특수한 능력자도 아니었다. 그의 다양한 재능은 소년시절의 어려운 환경에 연유할 뿐이다. 따라서 그는 일개 걸출한 보통사람에 불과하다고 할 것이다.

論語공부 의문점을 뚝뚝이 해야 한다

자 왈　오 유 지 호 재　　무 지 야
子曰, 吾有知乎哉아? 無知也로다.

유 비 부 문 어 아　　공 공 여 야　　아 고 기 양 단 이 갈 언
有鄙夫問於我하되 空空如也라도 我叩其兩端而竭焉하노라.

○ 풀이　공자께서 말씀하셨다.
"내가 아는 것이 있겠는가? 아는 게 별로 없다. 그러나 비천하고 무식한 사람이라도 나에게 성실히 물어오면, 나는 아는 것을 모두 털어서 알려주고자 한다."

○ 해설　공자는 남의 말을 끝까지 듣고 남의 물음에 반문하는 방식으로 그 의문점을 뚝뚝이 해야 한다고 했다. 그러면 문제점이 스스로 해명되며 자신의 겸손함도 나타나게 된다.

공자의 인간 존중

자 견 자 최 자　　면 의 상 자　　여 고 자
子見齊衰者와 冕衣裳者와 與瞽者하시고

견 지　　수 소 필 작　　　과 지 필 추
見之에 雖少必作하시며 過之必趨러시다.

○ 풀이　　공자께서는 상복을 입은 사람을 보거나, 혹은 예복을 갖춰 입은 사람이나 장님을 만나면, 그들이 비록 젊을지라도 반드시 일어나 예를 차리고, 또 그 앞을 지나갈 때는 반드시 총총걸음으로 빨리 지나가셨다.

○ 해설　　공자의 인간존중은 그 대상이 누구든, 예컨대 상주, 정복 입은 관리, 장님 등에 대하여 조금도 차별이 없었던 것이다. 그에게 이런 일은 그저 아는 바를 행할 뿐인 것이다.

공자에 대한 최고의 평가

안 연   위 연 탄 왈   앙 지 미 고   찬 지 미 견
顔淵이 喟然歎曰, 仰之彌高하며 鑽之彌堅하며

첨 지 재 전   홀 언 재 후
瞻之在前이러니 忽焉在後로다.

부 자 순 순 연 선 유 인   박 아 이 문   약 아 이 례
夫子 循循然 善誘人하사 博我以文하시고 約我以禮하시니라.

욕 파 부 능   기 갈 오 재   여 유 소 립   탁 이
欲罷不能하야 旣竭吾才하니 如有所立이 卓爾라.

수 욕 종 지   말 유 야 이
雖欲從之나 末由也已로라.

○ 풀이   안연이 감탄하며 말했다.

"선생님은 우러러볼수록 더욱 높고, 뚫고 들어갈수록 더욱 굳다. 앞에 있
는 듯이 보였다가 홀연히 뒤에 있는 듯하기도 하다. 선생님은 차근차근
사람을 유도하고 계발하신다. 학문으로써 나의 식견을 넓게 해주시고,
예로써 나의 언행을 단속해 주신다. 그만두려 해도 그만둘 수 없으므로,
나도 모르게 나의 재능을 다해서 좇아 배우고 따라가려 한다. 그러나 선
생님은 더욱 우뚝 높은 지표를 내세우시므로, 좇아가려고 해도 끝내 좇
을 도리가 없다."

○ 해설   안연(顔淵)은 과묵(寡默)했다. 그래서 공자도 "내가 안연에게 하
루 종일 말을 해도 그는 반론을 제기하지 않는다. 흡사 어리석은 사람 같
다.(吾與回言終日 不違如愚)"라고 말했다. 그러나 그가 입을 열고 공자의 인
품과 학덕(學德)을 높인 이 말은 최고의 명언이다. 공자에 대한 최고의 평

가라 하겠다.

🔲 정도를 얻고 죽을 뿐이다

자 질 병　　　　　자 로 사 문 인　　　위 신
子疾病이시어늘 子路使門人으로 爲臣이러니

병 간 왈　구 의 재　　유 지 행 사 야　　무 신 이 위 유 신
病間曰, 久矣哉라 由之行詐也여 無臣而爲有臣하니

오 수 기　　기 천 호　　차 여 여 기 사 어 신 지 수 야
吾誰欺오? 欺天乎아 且予與其死於臣之手也론

무 녕 사 어 이 삼 자 지 수 호
無寧死於二三子之手乎아.

차 여 종 부 득 대 장　　　여 사 어 도 로 호
且予縱不得大葬이나 予死於道路乎아.

○ 풀이　　공자가 심하게 병을 앓자, 자로가 문인으로 하여금 공자의 가신
이 되게 하고 장례식에 참석케 하고자 꾸몄었다.

후에 병이 소강상태에 들어가자, 공자께서 말씀하셨다.

"그간 오래도록 자로가 속여 왔구나. 가신 없는 나에게 가신이 있는 것처
럼 꾸몄으니, 누구를 속이려는 것이냐? 하늘을 속이자는 것이냐? 또한
나는 가신들 앞에서 죽느니보다는 차라리 그대들 앞에서 죽는 것이 좋을
것이다. 또 내가 비록 성대하게 장례를 치르지 못한다 해도, 길에서 죽도
록 그대들이 내버려 두겠는가?"

　　　가신은 제후나 대부만이 둘 수 있었다. 공자는 한때 대사구를 지냈지만 당시는 야인이어서 가신을 둘 수 없었던 것이다. 자로는 조금도 악의가 없었다. 그러나 장례를 성대하게 치르기 위해 가신을 모은 것은 공자가 주장하던 '오직 정도를 얻고 죽을 뿐'이라는 원칙에 위배되었고 따라서 공자는 그것을 꾸짖은 것이다.

論語子字 값을 놓을 사람

자 공 왈　유 미 옥 어 사　　온 독 이 장 제
子貢曰, 有美玉於斯하니 韞匵而藏諸인고?

구 선 가 이 고 제
求善賈而沽諸인고?

자 왈　　고 지 재　　고 지 재　　아 대 가 자 야
子曰, 沽之哉라 沽之哉라 我待賈者也로라.

○ 풀이　　　자공이 물었다.

"여기 아름다운 옥이 있다면, 궤 안에 감춰 두시겠습니까? 혹은 좋은 값을 놓는 사람을 찾아 파시겠습니까?"

공자께서 말씀하셨다.

"팔고말고, 팔고말고! 나는 값을 놓을 사람을 기다리고 있다.

○ 해설　　　공자의 정치 참여를 암시한 말이다. 난세(亂世)에 나타나지 말고 숨으라고 말한 뜻은 악(惡)에 가담하지 말라는 뜻이다. 학문과 덕행을 겸비한 군자는 난세를 바로잡고, 인정(仁政)과 덕치(德治)를 펴서, 만민을

잘살게 하고 아울러 천하를 평화롭게 할 책임이 있다. 공자는 하루빨리 현명한 임금이 나오기를 바라고 있었다.

環境은 만들어지는 것이다

자 욕 거 구 이　　　혹 왈　루　　　여 지 하
子欲居九夷러시니 或曰, 陋커늘 如之何니까?

자 왈　군 자 거 지　　하 루 지 유
子曰, 君子居之면 何陋之有리오?

○ 풀이　공자께서 도(道)가 행하여지지 않음을 한탄하시어 구이(九夷)의 땅에 가서 살고자 했다. 이에 어떤 사람이 말했다.
"거기는 누추할 텐데 어찌 지내시려 하십니까?"
공자께서 말씀하셨다.
"군자가 자리 잡고 살면 어찌 누추함이 있겠는가?"

○ 해설　찬란한 문화를 꽃피운 중화일지라도 혼란과 무질서하면 더 이상 중화가 아니고, 구이라도 교화하여 가꾸면 훌륭한 환경이 될 수 있다. 환경은 만들어지는 것이기 때문이다.

[論語子罕] 성실 · 효도 · 공경의 덕목

자 왈　출 즉 사 공 경　　　입 즉 사 부 형
子曰, 出則事公卿하고 入則事父兄하며

상 사　불 감 불 면　　불 위 주 곤　　하 유 어 아 재
喪事를 不敢不勉하며 不爲酒困이 何有於我哉오?

○ 풀이　공자께서 말씀하셨다.

"나가서는 군주나 제후를 섬기고, 집안에서는 부형을 섬기며, 상례는 정성을 다 기울여 치르며, 술로 인해 문란해지지 않는다. 이런 것들을 나는 쉽게 행할 수 있다."

○ 해설　공자는 가족과 사회의 일원으로서 지켜야 할 성실·효도·공경의 덕목을 강조하고 있다. 또한 술을 마시되 이성을 잃는 일이 있어서는 아니 된다는 점도 언급하고 있다.

[論語子罕] 가는 것은 모두 이와 같다

자 재 천 상 왈　서 자 여 사 부　　　불 사 주 야
子在川上曰, 逝者如斯夫인저! 不舍晝夜로다.

○ 풀이　공자께서 냇가에서 말씀하셨다.

"가는 것은 모두 이와 같아서, 밤낮으로 쉬지 않고 흐르는구나!"

○ 해설　소동파의 「적벽부(赤壁賦)」에도 인용된 유명한 '천상탄(川上嘆)'

이다. 무심한 듯 흐르는 냇물에서도 성인은 자강불식(自强不息)하는 천도(天道)를 읽고 있다. 쉼 없이 닦아야 비로소 천지의 운행과 같이 될 수 있고 강물처럼 활발하게 될 수 있다는 의미일 것이다.

論語子罕 일에 대한 책임은 본인에게 있다

자 왈 비 여 위 산   미 성 일 궤   지   오 지 야
子曰, 譬如爲山에 未成一簣하여 止도 吾止也라.

비 여 평 지   수 복 일 궤   진   오 왕 야
譬如平地에 雖覆一簣나 進도 吾往也니라.

○ 풀이   공자께서 말씀하셨다.

"학문을 비유컨대, 산을 쌓아 올림과 같다. 흙 한 삼태기가 모자라는 상황에서 중지했다면 그것은 내가 중지한 것이다. 또 비유컨대 땅을 평탄하게 고르는 데 있어 흙 한 삼태기를 덮어도 일이 진전되거늘 그것도 내가 한 것이다."

○ 해설   줄기찬 노력으로 끝내 일을 완성하는 사람도 있고, 끈기의 부족으로 일이 거의 완성되어갈 무렵에 도중하차 하는 사람도 있다. 전진하여 일을 완성하든, 중단하여 실패로 끝나든 그 일에 대한 책임은 본인에게 있는 것이다.

📖 자기 향상

자 왈   후 생 가 외   언 지 내 자 지 불 여 금 야
子曰, 後生可畏*니 焉知來者之不如今也리오?

사 십 오 십 이 무 문 언   사 역 부 족 외 야 이
四十五十而無聞焉이면 斯亦不足畏也已니라.

○ 풀이   공자께서 말씀하셨다.

"뒤에 태어난 젊은 사람이 가히 두렵다. 그들이 지금의 우리만 못하리라는 것을 어찌 알겠는가? 사십, 오십이 되어서도 명성이 들리지 않는다면 그 또한 두려워할 것이 못 된다."

○ 해설   공자는 자기의 학문적 성취에 만족하여 권위의식에 빠져 있는 사람은 아니었다. 교육자인 그는 젊은이들의 미래에 기대를 걸고 있었다. 그리고 그들 중에서 선배를 능가하는 실력자도 나올 수 있으리라 믿었다. 그러나 그렇게 되기 위해서는 학문에의 끊임없는 정진이 있어야만 한다. 공자는 후학들에게 노력에 의한 자기 향상을 가르치고 있는 것이다.

---

* '젊은 후배들은 두려워할 만하다.' 곧 젊은이는 장차 얼마나 큰 역량을 나타낼지 모르기 때문에 함부로 대하기 어렵다는 말.

論語子罕 가르침의 한계

자 왈 법 어 지 언   능 무 종 호   개 지 위 귀
子曰, 法語之言은 能無從乎아 改之爲貴니라,

손 여 지 언   능 무 열 호   역 지 위 귀
巽與之言은 能無說乎아 繹之爲貴니라.

열 이 불 역   종 이 불 개   오 말 여 지 하 야 이 의
說而不繹하며 從而不改면 吾末如之何也已矣니라.

○ 풀이 공자께서 말씀하셨다.

"바른 말을 따르지 않을 수 있겠는가? 그러나 그 말에 따라 잘못을 고침
이 더 중요하다. 부드럽게 타이르는 말을 기뻐하지 않을 수 있겠는가? 그
러나 그 말의 참뜻을 찾아냄이 더 중요하다. 기뻐하면서도 참뜻을 찾아
행하지 않고, 따르면서도 잘못을 고치지 않는다면, 나도 그런 사람은 어
찌할 도리가 없다."

○ 해설 가르침의 한계를 잘 말하고 있다. 목표는 배워 이루고자 하는
의욕이 있을 때에 달성되는 것이다. 소를 물가에까지 끌고 갈 수는 있지
만 물을 마시게 할 수는 없다는 말과 같다.

論語구절 허물이 있으면 고쳐야 한다

자 왈　주 충 신　　무 우 불 여 기 자　　과 즉 물 탄 개
子曰, 主忠信하며 毋友不如己者오 過則勿憚改.

○ 풀이　공자께서 말씀하셨다.
"충성과 신의를 으뜸으로 삼으며, 자기보다 못한 사람을 벗 삼지 말고,
허물이 있으면 이를 고치기를 꺼리지 말아야 한다."

○ 해설　잘못을 저질렀다고 후회만 하지 말고 그것을 빨리 바로 잡아야
만 다시는 같은 잘못을 저지르지 않는다는 뜻이다. 남의 이목을 두려워
해서 이것을 얼버무린다든가 감추려고 한다면 다시 과오를 저지르는 잘
못을 범한다는 말이다.

論語구절 생명을 내주고 정의를 취한다

자 왈　삼 군　　가 탈 수 야
子曰, 三軍은 可奪帥也어니와

필 부　　불 가 탈 지 야
匹夫는 不可奪志也니라.

○ 풀이　공자께서 말씀하셨다.
"3군의 장수를 빼앗을 수는 있지만, 필부라도 그 뜻을 빼앗을 수는 없다."

○ 해설　대군은 매우 강하다. 그렇지만 그 힘을 깨고 지휘자를 무력하게

할 수 있다. 그러나 정도를 사수하는 일개 사나이의 뜻은 어떤 힘으로도 빼앗을 수 없다. 참으로 강한 것은 사람의 지조이다. 맹자는 '생명을 내주고 정의를 취한다.'고 했다.

論語子罕 부끄럽지 않은 자로(子路)의 인품

자 왈　　의 폐 온 포　　　여 의 호 맥 자
子曰, 衣敝縕袍하야 與衣狐貉者로

립 이 불 치 자　　기 유 야 여
立而不恥者는 其由也與인저.

불 기 불 구　　하 용 부 장
不忮不求면 何用不臧이리오.

자 로 종 신 송 지　　　자 왈　　시 도 야　　　하 족 이 장
子路終身誦之한대 子曰, 是道也로 何足以臧이리오.

○ 풀이　　공자께서 말씀하셨다.

"다 떨어진 솜옷을 입고, 여우나 담비 털옷을 입은 사람과 함께 서 있어도 부끄러워하지 않는 사람은 바로 자로(子路)일 것이다. 자로가 『시경』에 있는 '해치지도 않고 탐내지도 않으니, 어찌 좋지 않겠는가?'라는 구절을 종신토록 외우고자 하자, 공자께서 말씀하셨다.
"그러한 도리만으로 어찌 선하다고 하랴?"

○ 해설　　공자는 자로의 의연한 몸가짐을 『시경(詩經)』'위풍(衛風)' 웅치편(雄雉篇)을 들어 칭찬한 내용이다. 그런데 자로가 그 구절을 좌우명으

로 하자 더욱 선을 향해 노력하도록 권하고 있다.

🔖 고난과 시련이 닥쳐야 알 수 있는 사람의 진가

자 왈   세 한 연 후   지 송 백 지 후 조 야
子曰, 歲寒然後에 知松栢之後彫也니라.

○ 풀이   공자께서 말씀하셨다.

"겨울의 날씨가 추워진 뒤에야 소나무와 잣나무가 다른 나무보다 늦게 시드는 것을 알 수 있다."

○ 해설   나라가 어지러울 때 애국자가 나타나고, 집안이 어려움에 처해 있을 때 열녀가 나온다. 평상시엔 누구나 착실한 척할 수는 있다. 그러나 막상 어렵고 힘든 시기에 지조를 지키면 헌신할 수 있는 자란 드문 것이다. 고난과 시련에 이르러서야 사람의 진가를 알 수 있다.

🔖 자연의 질서

자 왈   지 자 불 혹   인 자 불 우   용 자 불 구
子曰, 知者不惑하고 仁者不憂하고 勇者不懼니라.

○ 풀이   공자께서 말씀하셨다.

"지혜로운 사람은 미혹(迷惑)하는 일 없고, 어진 사람은 근심할 일이나 걱

정할 일이 없으며 용기 있는 사람은 두려워할 일이 없다."

○ 해설   대부분의 생활인은 의혹·근심·두려움에 싸여서 살아간다. 그런
데 이것들은 결국 지·인·용으로 해결될 수 있는 것들이다. 어떻게 하면
지·인·용을 가질 수 있을지가 과제이다. 옛 선비들은 자연의 질서에서
그 해답을 얻고 있다.

함께 공부할 수는 있어도

자 왈　가 여 공 학　　　미 가 여 적 도
子曰, 可與共學이라도 未可與適道며

가 여 적 도　　　미 가 여 립　　　가 여 립　　　미 가 여 권
可與適道라도 未可與立이며 可與立이라도 未可與權이니라.

○ 풀이   공자께서 말씀하셨다.
"함께 공부할 수는 있어도, 함께 도(正道)를 지켜나갈 수는 없고, 함께 도
를 지켜나간다 해도 함께 굳건히 설 수는 없고, 함께 굳건히 설 수는 있다
고 해도, 함께 일의 경중을 저울질할 수는 없다."

○ 해설   사람은 함께 배워도 그것을 실천하거나 적용하는 데는 시간을
달리할 수 있다. 그것은 상황이 다르고 적중을 파악하는 기법과 논거를
달리하기 때문일 것이다.

🔲 진정으로 생각함이 아니다

당체 지화　편기 반이
唐棣**之華**여 偏其反而로다.

기 불 이 사　　　실 시 원 이
豈不爾思리오마는 室是遠而니라.

자 왈　미 지 사 야　　　부 하 원 지 유
子曰, 未之思也언정 夫何遠之有리오.

○ 풀이　'당체꽃이 펄럭이는데, 어찌 임 생각 않으리요만, 너무나 멀구나!'
(이 시를 두고) 공자께서 말씀하셨다.
"진정으로 생각함이 아닌 것이다. (진정으로 생각한다면) 어찌 멀고 말고가
있겠느냐?"

○ 풀이　　공자는 시를 인용하여 우리의 뜻과 행위가 일치되어야 함을 강
조하고 있다.

● 아가위나무. 산사나무라고도 한다.

10장

예악 실천

본 장은 공자의 태도와 일상생활에서의 행동, 그리고 공적 생활에 대한 기록들이다. 즉 공(公)과 사(私)에 걸쳐 예(禮)와 악(樂)을 실천한 공자의 성실하고 근엄한 생활의 여러 면모를 문인들이 적은 기록들을 추린 것이다.

論 語
鄕 黨

🔲 중용의 덕

공자 어 향 당   순 순 여 야   사 불 능 언 자
孔子於鄕黨에 恂恂如也하사 似不能言者러시다.

기 재 종 묘 조 정   편 편 언   유 근 이
其在宗廟朝廷에는 便便言하사대 唯謹爾러시다.

○ 풀이   공자께서 자택에 계실 때에는 온순하고 공손하시어, 마치 말을
할 줄 모르는 사람 같으셨다. 하지만 종묘와 조정에 계실 때에는 분명하
게 사리를 따져 주장을 펴시되 신중하게 하셨다.

○ 해설   공자는 향리에 있을 때는 말을 삼가며 공손하게 처신하였다. 그
러나 조정에 나가 나랏일에 참여할 때는 사리를 따져 분명하게 소신을
밝혔다. 이것은 공인(公人)으로서의 떳떳한 태도이다. 그러나 어디까지나
신중함을 잃지는 않았다. 이는 바로 중용의 덕을 체득한 성인(聖人)의 몸
가짐인 것이다.

🔲 동년배와 상급자와의 예절

조　　여하대부언　　　간간여야
朝에 與下大夫言에는 侃侃如也하시며,

여상대부언　　　은은여야
與上大夫言에 誾誾如也러시다.

군재　　　축적여야　　　여여지야
君在어시든 踧踖如也하시며 與與知也러시다.

ㅇ 풀이　조정에서 하대부들과 말씀하실 때는 숨김없이 솔직히 의견을 나누시고, 상대부와 말씀하실 때는 부드럽고 분명하셨다. 임금이 계실 때에는 공경스러우면서도 위엄을 갖추었다.

ㅇ 해설　조회할 때와 보통 대화할 때의 동료와 상급자에 대한 예절과 주군에 대한 거동과 모습은 차별이 있었다. 자신의 행동을 조절할 줄 알고, 그리고 부드럽고 예의바른 개성을 유지하려는 노력일 것이다.

🔲 마을사람들과의 인간관계

향인음주　　장자출　　　사출의
鄕人飮酒에 杖者出이어든 斯出矣러시다.

향인나　　조복이립어조계
鄕人儺에 朝服而立於阼階러시다.

ㅇ 풀이　마을 사람들과 함께 술을 마실 때에는 지팡이를 짚은 노인이 먼

저 나간 다음에 따라 나가셨다. 마을 사람들이 역귀를 쫓는 굿을 할 때에 는 조복을 입고 동쪽 섬돌에 서 계셨다.

○ 해설 공자는 마을사람들과 인간관계를 중시하였는데, 향인음주(인재 의 천거, 친목, 경로 등을 위해 3년마다 베풀어지던 마을 연회)에는 직접 참여하 였으며, 나례(1년에 두 번씩 지내던 잡귀 쫓는 제사)에도 간접적이나마 참여 하였다.

📕 문안

문 인 어 타 방　　　 재 배 이 송 지
問人於他邦하실새 再拜而送之러시다.

○ 풀이　　자기 대신 사람을 다른 나라에 보내어 문안을 드릴 때에는 그에게 두 번 절하고 나서 보내셨다.

📕 사람이 먼저다

구 분　　　　 자 퇴 조 　왈 　상 인 호　　　　 불 문 마
廐焚이어늘 子退朝 曰, 傷人乎아 하시고 不問馬하시다.

○ 풀이　　마구간이 불에 탔는데, 공자께서 조정에서 돌아오시어, "사람이 다쳤느냐?"라고 물으시고는 말에 대해서는 묻지 않으셨다.

📕 친구의 죽음

붕 우 사 　　　무 소 귀　　　 왈 　어 아 빈
朋友死하여 無所歸어든 曰, 於我殯이라 하시다.

○ 풀이　　친구가 죽었는데 돌보아 줄 사람이 없자, "내 집에 빈소를 차려라."라고 말씀하셨다.

論語鄉黨 군자의 행실

침 불 시　　　　거 불 용
寢不尸하시며, 居不容이러시다.

○ 풀이　주무실 때는 죽은 사람처럼(뻗은 자세로) 눕지 않으셨고, 집에 계실 때에는 근엄한 표정을 짓지 않으셨다.

論語鄉黨 수레 타는 모습

승 거　　　　필 정 립　집 수
升車하사 必正立 執綏러시다.

거 중　　불 내 고　　　　부 질 언　　　　불 친 지
車中에 不內顧하시며 不疾言하시며 不親指러시다.

○ 풀이　수레에 오르셨을 때에는 반드시 바르게 서서 손잡이 끈을 잡으셨다. 수레 안에서는 이리저리 두리번거리지 않으셨고, 말씀을 빨리 하지 않으셨으며, 직접 손가락질을 하지 않으셨다.

○ 해설　군자(君子)의 수레 타는 모습이다. 수레의 차체가 높았기 때문에 수레 모는 사람이 내려주는 줄을 잡고 올라탔다.

11장

공자의 제자들에 대한 평

공자가 제자들을 평한 말이 많다. 직설적으로 한 평도 있고, 혹은
간접적으로 서로 비교하면서 서로의 특성을 대조한 평도 있다.

論 語

先 進

論語 先進 예악의 도

자 왈 선 진 어 례 악 야 인 야
子曰, 先進이 於禮樂에 野人也요.

후 진 어 례 악 군 자 야
後進이 於禮樂에 君子也라 하나니.

어 용 지 즉 오 종 선 진
如用之 則吾從先進하리라.

○ 풀이　공자께서 말씀하셨다.

"예악의 도에 있어서 옛 사람들은 시골티가 나는 야인답게 질박하고, 지금 후배들의 예악은 군자답게 화려하다. 내가 만일 예악을 골라 쓴다면 옛 선배들의 것을 따르겠노라."

○ 해설　옛날에는 예악을 소박하게 꾸미고 지켰으므로 야인과 같다고 했으며, 후세에는 예악을 화려하게 꾸미고 지켰으므로 군자답다고 했다. 그러나 공자는 화려한 것보다 소박한 것을 좋아했다.

論語 先進 자신을 따르던 사람들

자 왈   종 아 어 진 채 자   개 불 급 문 야
子曰, 從我於陳蔡者는 皆不及門也로다.

덕 행   안 연   민 자 건   염 백 우   중 궁
德行엔 顔淵, 閔子騫, 冉伯牛, 仲弓이요.

언 어   재 아   자 공
言語엔 宰我, 子貢이요.

정 사   염 유   계 로   문 학   자 유   자 하
政事엔 冉有, 季路요 文學엔 子游, 子夏니라.

○ 풀이   공자께서 말씀하셨다.

"나를 따라 진나라와 채나라에 갔던 사람들이 지금은 다 내 문하에 있지
않구나! 그들 중 덕행이 훌륭한 사람은 안연·민자건·염백우·중궁이 있
고, 언어에는 재아와 자공이 뛰어났고, 정사에 밝은 사람은 염유와 계로
였고, 문학에는 자유와 자하가 뛰어났다.

鑾譃 불만이 아닌 칭찬

자 왈　회 야　　비 조 아 자 야
子曰, 回也는 非助我者也로다.

어 오 언　　무 소 불 열
於吾言에 無所不説이로다.

○ 풀이　　공자께서 말씀하셨다.

"안회는 도무지 나에게 도움을 주지 못한다. 그는 내가 하는 말을 아무 의문도 없이 잘 이해하고 기쁘게 따르고 행하였다."

○ 해설　　공자의 제자 중에서도 안연은 특히 스승의 가르침을 깊이 이해하고 만족해한 사람이었다. 그러므로 새로운 질문이나 반대의견을 제시하여 스승에게 지적 자극을 준 바는 없었다. 공자는 이 점을 말하고 있으나 불만이라기보다는 칭찬이라고 해야 할 것이다. 안연은 늘 스승의 가르침을 말없이 실천한 군자였다.

鑾譃 형제의 효성

자 왈　효 재　　민 자 건
子曰, 孝哉라 閔子騫이여!

인 불 간 어 기 부 모 곤 제 지 언
人不間於其父母昆弟之言이로다.

○ 풀이　　공자께서 말씀하셨다.

194

"참으로 효성스럽도다, 민자건이여! 부모형제가 그의 효성을 칭찬하는 말에 사람들도 트집을 잡지 못하는구나."

○ 해설 어려서 친어머니를 여윈 민자건 형제는 계모 밑에서 자랐다. 계모는 자기의 소생 두 아들만을 사랑하고 민자건 형제를 박대했다. 그런데도 민자건은 계모 편을 들어 사람들을 감동시켰다.

論語先進 하늘이 나를 버리셨다

안 연 사   자 왈   희   천 상 여   천 상 여
顔淵死 子曰, 噫라! 天喪予삿다! 天喪予삿다!

○ 풀이 안연이 죽자 공자께서 탄식하셨다.
"아아! 하늘이 나를 버리셨다. (내 희망을 빼앗아 가는구나!) 하늘이 나를 버리셨다."

○ 해설 공자는 수제자 안연(B.C. 521~490)을 통해 자신의 학문을 후세에 이을 생각이었다. 그만큼 안연은 자질이 영특하고 인품이 고결했다(32세로 공자와 30세의 차이 난다). 그러나 불행히도 단명하여 요절한 것이다. 그의 죽음으로 공자는 크나큰 충격과 절망에 빠지게 된다. 그러므로 하늘이 자기를 버렸다고 (망쳤다고) 탄식한 것이다.

論語先進 아직 삶도 알지 못하는데

계로 문 사 귀 신　　자 왈　미 능 사 인　　언 능 사 귀
季路 問事鬼神한대 子曰, 未能事人이면 焉能事鬼리오?

감 문 사　　　　　왈　미 지 생　　언 지 사
敢問死하나이다. 曰, 未知生이면 焉知死리오?

○풀이　계로가 귀신 섬기는 일에 대해 묻자 공자께서 말씀하셨다.
"아직 사람도 제대로 섬기지 못하면서 어찌 귀신을 섬길 수 있겠느냐?"
"감히 죽음에 대하여 여쭙겠습니다."
공자께서 대답하셨다.
"아직 삶도 알지 못하는데 어찌 죽음을 알 수 있겠느냐?"

○해설　공자는 귀신 섬기는 일에 앞서 사람 섬기는 일부터 배우고, 죽음
의 문제보다 삶에 대한 탐구가 먼저 이루어져야 할 순서임을 깨우쳤다.

論語先進 사리에 맞는 말

노 인　위 장 부　　민 자 건　왈
魯人이 爲長府러니 閔子騫이 曰,

잉 구 관 여 지 하　　　하 필 개 작
仍舊貫如之何오? 何必改作이리오?

자 왈　부 인 불 언　　　언 필 유 중
子曰, 夫人不言이언정 言必有中이니라.

　　노나라 사람이 장부(長府)라는 창고를 새로 짓자, 민자건이 말했다.

"옛것을 수리해서 쓰면 어떠한가? 왜 꼭 다시 지어야만 하는가?"

공자께서 말씀하셨다.

"그는 말을 잘 안 하지만, 말을 했다 하면 반드시 사리에 맞다."

▣ 방안에 들지 못한 학문

자 왈　　유 지 고 슬　　해 위 어 구 지 문　　　문 인　　불 경 자 로
子曰, 由之鼓瑟을 奚爲於丘之門고? 門人이 不敬子路한대

자 왈　　유 야　　　승 당 의　　미 입 어 실 야
子曰, 由也는 升堂矣오 未入於室也니라.

　　공자께서 말씀하셨다.

"유는 어찌 내 집에서 거문고를 타는고?"

그러자 문인들이 자로를 공경하지 않았다.

공자께서 말씀하셨다.

"유의 학문은 대청마루에는 올라섰으나 아직 방안에는 들지 못하였다."

論語先進 지나친 것과 미치지 못하는 것

자공 문 사여상야 숙현
子貢이 問, 師與商也 孰賢이리이까?

자왈 사야 과 상야 불급
子曰, 師也는 過하고 商也는 不及이니라.

왈 연즉사유여
曰, 然則師愈與니까?

자왈 과유불급
子曰, 過猶不及이니라.

○ 풀이　자공이 물었다.

"사(자장)와 상(자하)은 누가 더 현명합니까?"

공자께서 말씀하셨다.

"사는 재주가 지나치고 상은 조금 못 미친다."

"그러면 사가 더 낫습니까?"

공자께서 말씀하셨다.

"지나친 것은 미치지 못하는 것과 마찬가지이다."

○ 해설　만사의 도리를 말할 때나 일을 처리함에 있어서나 도(道)에 맞아야 한다. 모자라거나 못 미치거나 하면 안 되지만, 반대로 지나치거나 넘치거나 해도 안 된다. 도에 맞고 적당한 것을 중용(中庸)이라고 한다.

論語先進 옛 성현의 훌륭한 발자취

자장 문선인지도 자왈 불천적 역불입어실
子張이 問善人之道한대 子曰, 不踐迹이나 亦不入於室이니라.

○ 풀이　자장이 선인의 도를 묻자, 공자께서 말씀하셨다.
"옛 성현의 훌륭한 발자취를 좇지 않으면 역시 성현의 경지에 들지 못한다."

論語先進 말 잘하는 사람

자로 사자고 위비재 자왈 적부인지자
子路 使子羔로 爲費宰한대 子曰, 賊夫人之子로다.

자로왈 유민인언 유사직언
子路曰, 有民人焉하면 有社稷焉하니,

하필독서 연후 위학
何必讀書 然後에 爲學이리이까?

자왈 시고 오부녕자
子曰, 是故로 惡夫佞者하노라.

○ 풀이　자로가 자고를 비읍의 수장으로 천거하자 공자께서 말씀하셨다.
"남의 자식을 망치게 하는구나!"
자로가 말하였다.
"그곳에는 다스릴 백성이 있고 받들 사직이 있습니다. 어찌 반드시 책만
을 읽어야 공부한다고 하겠습니까?"
공자께서 말씀하셨다.

"그래서 내가 말 잘하는 사람을 미워하는 것이다."

○ 해설　자로가 자고를 비의 읍재(수장)로 천거하자, 공자는 예악을 터득하지 못한 그에게 중임을 맡기려 함을 못마땅하게 생각하였다. 이에 자로는 나라의 정무를 맡아 경험을 쌓는 것도 공부가 되지 않겠느냐고 반문하자, 공자는 자로의 변명을 받아들이지 않고 말만 그럴싸하게 하는 사람을 미워한다고 일침을 가한 것이다. 사실 학덕을 갖추지 못한 사람이 나라의 중책을 맡는다는 것은 불행한 일임에 틀림이 없다.

12장

성현의 가르침

본 장은 공자가 문하생이나 군주, 대부 등과 서로 주고받은 문답을 수록하고 있다. 군신과 부자가 지켜야 할 예(禮), 미혹(迷惑)을 분별하고 옥사를 처결하는 일, 군자의 학문과 덕행 등이 다 언급되었으며, 이들 가르침은 다 성현의 격언이며 동시에 벼슬에 나가는 기본 단계이다.

論 語
顔 淵

인(仁)은 자신에게 있다

안연　문인　　자왈　극기복례위인
顔淵이 問仁한대 子曰, 克己復禮 爲仁이니

일일극기복례　　천하귀인언
一日克己復禮면 天下歸仁焉하나니

위인　유기　이유인호재
爲仁이 由己니 而由人乎哉아?

○풀이　제자 안연(顔淵)이 '인(仁)이란 무엇인가?'를 묻자, 공자께서 말
씀하셨다.
"자신의 마음속에 있는 사욕(私慾)을 이겨내고, 예부터 지켜 내려온 사회
의 규범, 사람이 지켜야 하는 도리로 되돌아오는 것이 인(仁)이다. 하루만
이라도 자신을 이기고 예로 돌아가게 되면 천하가 인(仁)으로 돌아온다.
인을 행하는 것이 남에게 있는 것이 아니라 자신에게 있느니라."

예가 아니라면

자왈　비례물시　　비례물청　　비례물언　　비례물동
子曰, 非禮勿視하며 非禮勿聽하며 非禮勿言하며 非禮勿動이니라.

○풀이　공자께서 말씀하셨다.
"예가 아니면 보지 말고, 예가 아니면 듣지 말고, 예가 아니면 말하지도
말고, 예가 아니면 행하지도 말라."

○ 해설　인은 나에 기인하는 것이지 남에게 기인하는 것이 아니다. 그래서 성현들은 한결같이 자신을 바르게 하고자 하였다. 제자가 최고의 덕행을 물었을 때 예를 근거하여 보고 듣고 말하고 행동하는 것이라고 간단히 말했다.

남에게 강요해서는 안 된다

중궁　문인　　자왈　출문여견대빈
仲弓이 問仁한대 子曰, 出門如見大賓하며

사민여승대제　　기소불욕　　물시어인
使民如承大祭하고 己所不欲을 勿施於人이니

재방무원　　재가무원
在邦無怨하며, 在家無怨하니라.

○ 풀이　중궁이 인에 대해 묻자, 공자께서 말씀하셨다.

"문밖에 나가 사람을 대할 때에는 귀한 손님을 대하듯 하고, 백성을 부릴 때는 큰 제사를 받들 듯이 해야 한다. 자기가 원하지 않는 일을 남에게 강요하지 말라. (이렇게 하면) 조정에서 (일을 할 때에도 원망하는 이가 없고) 집안에서도 원망하는 이가 없을 것이다."

○ 해설　인에 대한 중궁의 질문에 스승은 공경심의 발휘라고 대답한다. 또한 내가 하기 싫은 일을 남에게 시키지 않아야 한다. 그러면 남의 원망이 없는 인자한 관계를 이룬다고 한다.

무엇을 근심하고 두려워하랴

사마우 문군자　　　 자왈　군자　　 불우불구
司馬牛 問君子한대 子曰, 君子는 不憂不懼니라.

왈　불우불구　　 사위지군자의호
曰, 不憂不懼면 斯謂之君子矣乎니까?

자왈　내성불구　　　 부하우하구
子曰, 內省不疚어니 夫何憂何懼리오?

○ 풀이　　사마우가 군자에 대해 묻자, 공자께서 말씀하셨다.
"군자는 근심하지도 않고 두려워하지도 않는다."
사마우가, "근심하지 않고 두려워하지도 않으면 군자라고 할 수 있습니
까?"라고 거듭 묻자, 공자께서 말씀하셨다.
"속으로 스스로를 돌아보아 허물이 없다면, 무엇을 근심하고 무엇을 두
려워하겠느냐?"

사람들이 모두 형제다

사 마 우 우 왈 　 인 개 유 형 제 　　 아 독 망
司馬牛 憂曰, 人皆有兄弟어늘 我獨亡이로다.

자 하 왈 　 상 문 지 의 　　 사 생 　 유 명 　　 부 귀 재 천
子夏曰, 商聞之矣로니 死生이 有命이오 富貴 在天이라 하라.

군 자 경 　 이 무 실 　　　 여 인 공 　 이 유 례
君子敬 而無失하고 與人恭 而有禮면

사 해 지 내 　 개 형 제 야
四海之內 皆兄弟也니.

군 자 하 환 호 무 형 제 야
君子何患乎無兄弟也리오.

○ 풀이 　　사마우가 근심스럽게 말하였다.

"다른 사람들은 모두 형제가 있는데 나만 유독 형제가 없다."

자하가 말하였다.

"내가 듣자 하니, 죽고 사는 것은 운명에 달려 있고, 부귀는 하늘에 매여 있다고 하였소. 군자로서 몸가짐을 경건히 하고, 일 처리를 도를 따라 실수 없이 하고, 아울러 남에게 공손하고 예절 바르게 대하면 온 세상 사람들이 모두 형제이니 군자인 당신이 어찌 형제 없음을 걱정하십니까?"

論語精選 사회정의 구현

자장 문명   자왈 침윤지참   부수지소 불행언
子張이 問明한대 子曰, 浸潤之讒이 膚受之愬 不行焉이면

가 위 명 야 이 의   침 윤 지 참   부 수 지 소   불 행 언
可謂明也已矣니라. 浸潤之讒이 膚受之愬 不行焉이면

가 위 원 야 이 의
可謂遠也已矣니라.

○ 풀이   자장이 총명함에 대하여 묻자, 공자께서 말씀하셨다.
"물이 스며들듯 은근한 참소(讒訴)와 직접 피부로 느껴질 만큼 절실한 하
소연을 물리친다면 사리에 밝다고 할 수 있다. 물이 스며들듯 은근히 하
는 참소나 직접 피부로 느껴질 만큼 절실한 하소연에 넘어가지 않아야
비로소 멀리까지 앞을 내다본다고 할 수 있다."

○ 해설   물이 스며들 듯한 헐뜯는 말이나 피부에 파고들 것 같은 하소연
은 자칫 판단을 그르치게 한다. 위정자는 이와 같은 모함이나 간교를 막
아내야만 사회정의를 구현할 수 있다.

🔖 민심이 없다면 국가도 존립하지 않는다

자공 문정　　 자왈 족식 족병　　　민 신 지 의
子貢이 問政한대 子曰, 足食 足兵이면 民信之矣니라.

자공 왈 필부득 이이거　　　어 사 삼 자　　 하 선
子貢 曰, 必不得已而去이면 於斯三者에 何先이리이까?

왈　거 병
曰, 去兵이니라.

자공 왈 필부득 이이거　　　 어 사 이 자　　 하 선
子貢 曰, 必不得已而去인댄 於斯二者에 何先이리이까?

왈　거 식　　　자 고 개 유 사　　　민 무 신 불 립
曰, 去食이니 自古皆有死어니와 民無信不立이니라.

○ 풀이　　자공이 정치에 대해 묻자, 공자께서 말씀하셨다.

"백성의 식량을 풍족하고, 군비를 넉넉하게 하여, 백성들로 하여금 (나라를) 믿도록 하는 것이다."

자공이 물었다.

"부득이 한 가지를 버려야 한다면 이 세 가지 중에서 어느 것을 먼저 버려야 합니까?"

공자께서 말씀하셨다.

"군비를 버려야 한다."

자공이 또 물었다.

"부득이 한 가지를 더 버려야 한다면 두 가지 중에서 어느 것을 먼저 버려야 합니까?"

"식량을 버린다. 예로부터 죽음은 누구에게나 있는 일이지만, 백성들의 믿음이 없으면 국가가 존립할 수 없다."

공자는 정치의 요체로 식량과 군비와 위정자에 대한 백성들의 신망을 들고 있다. 그리고 그중에서도 백성들의 신망을 가장 중요시하고 있다. 그의 주장은 다시 부국강병을 바탕으로 한 패도주의와는 정면으로 어긋나는 것이다. 즉 힘이나 권모술수에 의한 정치는 우선 나라의 살림살이를 넉넉히 하고, 그 바탕 위에 군비를 증강하여 천하의 패권을 차지하고자 한 것이다. 그러나 이와 같은 정치는 억압과 규제로 백성들의 반발과 불신을 초래케 하였다. 불신감이 팽배된 사회는 그 정치적 존립을 유지할 수 없게 되는 것이다. 공자는 바로 이 점을 지적하고 있다. 그러므로 그는 경제나 국방보다도 위정자에 대한 백성들의 신망을 더욱 중요시한 것이다. 이것을 잃으면 나라도 사직도 무너지고 만다는 것이 그의 변함없는 소신이었다.

충성과 신의

자 장　　문 숭 덕 변 혹　　　자 왈　주 충 신　　　사 의　숭 덕 야
子張이 問崇德辨惑한대 子曰, 主忠信하며 徙義 崇德也니라.

애 지　　욕 기 생　　　　오 지　　욕 기 사
愛之란 欲其生하고 惡之란 欲其死하나니,

기 욕 기 생　　　우 욕 기 사　시 혹 야
旣欲其生이오 又欲其死 是惑也니라.

성 불 이 부　　　역 지 이 이
誠不以富요, 亦祇以異*로다.

○ 풀이   자장이 덕을 쌓고 미혹된 행동을 분별하는 일에 대해 묻자, 공

208

자께서 말씀하셨다.

"충성과 신의를 중하게 여기고, 도의를 실천하며 살아가는 것이 덕을 쌓는 일이다. 내가 좋아하면 그가 살기를 바라고, 내가 미워하면 그가 죽기를 바라지만, 그와 같이 살기를 바랐다가 또 죽기를 바라는 것이 곧 미혹이다."

참으로 재물이 많기 때문이 아니라, 오직 사람이 달라서 그러는 것이다.

○ 해설　덕을 높이고 지혜롭게 하는 방법은 마음에 진실과 믿음을 담고 행동을 바르게 하는 것이다. 사랑하다가 미워하는 등 종잡을 수 없는 마음이 미혹하다. 미혹한 것은 마음에 진실과 믿음이 부족하고 행동에 이단이 섞이기 때문이다.

📕 정치에 관한 소신

제　공　공　　문　정　어　공　자
齊景公이 問政於孔子한대

공　자　대　왈　　군　군　신　신　부　부　자　자
孔子 對曰, 君君 臣臣 父父 子子니이다.

공　왈　선　재　　신　여　군　불　군　　　신　불　신　　　　부　불　부
公曰, 善哉라. 信如君不君하며 臣不臣하며 父不父하며

● 誠不以富 亦祇以異 : 참으로 재물이 많기 때문이 아니라, 오직 사람이 달라서 그러는 것이다. 이것은 『시경』 소아(小雅) 아행기야(我行其野 : 들길을 가다)의 마지막 구절이다. 남편이 바람을 피우며 자신을 돌보지 않는 것을 슬퍼한 노래이다. 정자(程子)는 문맥의 연결이 어색한 점을 들어 착간(錯簡)으로 보고 제16편 계씨(12장)에 들어가야 한다고 주장하였다. ―주희의 집주(集注).

자 부 자 수 유 속 오 득 이 식 제
子不子면 雖有粟이나 吾得而食諸아.

○ 풀이　제나라 경공이 공자께 정치에 관해 묻자, 공자께서 말씀하셨다.
"임금은 임금다워야 하고 신하는 신하다워야 하고 아버지는 아버지다워
야 하고, 자식은 자식다워야 합니다."
제경공이 말했다.
"좋은 말씀이오. 참으로 임금이 임금답지 못하고, 신하가 신하답지 못하
며, 아비가 아비답지 못하고, 아들이 아들답지 못하면 비록 곡식이 있다
한들 내 어찌 먹을 수 있겠소?"

📖 소송을 판결할 수 있는 사람

자 왈 편 언 가 이 절 옥 자 기 유 야 여
子曰, 片言에 可以折獄者는 其由也與인저!

자 로 무 숙 낙
子路는 無宿諾이리라.

○ 풀이　공자께서 말씀하셨다.
"한 마디 말로써 소송을 판결할 수 있는 사람은 아마도 유이리라! 자로는
승낙한 것을 이행하지 않은 채 묵혀 두는 일이 없다."

○ 해설　자로는 용맹을 좋아하고 과단성이 있어 송사의 판결에도 우물
쭈물하는 일이 없었다. 그리고 그는 남에게 약속한 일은 반드시 실천에
옮겼다. 공자는 자로의 저돌성을 우려해 좀 더 심사숙고하도록 조언을

아끼지 않았다. 그러나 한편 그의 믿음직하고 솔직한 성품에는 신뢰를
보인 바도 있었다.

🀫 송사가 없도록 해야 한다

자 왈   청 송   오 유 인 야   필 야 사 무 송 호
子曰, 聽訟이 吾猶人也나 必也使無訟乎인저!

○ 풀이   공자께서 말씀하셨다.
"송사를 듣고 판결하는 것은 나도 남만큼은 할 수 있다. 그러나 그보다는
반드시 송사가 없도록 해야 할 것이다!"

🀫 충성스런 마음가짐

자 장   문 정   자 왈   거 지 무 권   행 지 이 충
子張이 問政한대 子曰, 居之無倦이요 行之以忠이니라.

○ 풀이   자장이 정치에 관하여 묻자, 공자께서 말씀하셨다.
"관직에 있을 때는 게을리하지 않고 정사를 처리할 때는 충성스런 마음
가짐으로 해야 한다."

自기사업을 성공시키는 비결

자왈 군자 성인지미 불성인지악 소인 반시
子曰, 君子는 成人之美하고 不成人之惡하나니 小人은 反是니라.

○ 풀이 공자께서 말씀하셨다.

"군자는 다른 사람의 좋은 점을 도와 이룩하도록 해주고, 다른 사람의 나쁜 점은 이루지 못하게 한다. 소인배는 이와 반대이다."

○ 해설 다른 사람의 좋은 꿈을 이루게 돕는 것은 훌륭한 품성이다. 남을 도우면 더 많은 사업 기회를 얻을 수도 있다. 상인이 싼 물건을 공급하여 가난한 사람들을 도와주는 것이 바로 자기사업을 성공시키는 비결이기도 하다.

정치란 바로잡는 일이다

계강자 문정어공자 공자대왈
季康子 問政於孔子한대 孔子對曰,

정자 정야 자수이정 숙감부정
政者는 正也니 子帥以正이면 孰敢不正이리오?

○ 풀이 계강자가 공자께 정치에 대해서 묻자, 공자께서 대답하셨다.

"정치란 바로잡는 일입니다. 선생께서 앞장서서 바른 도리로 이끌어주신다면 감히 누가 바르게 행하지 않을 수 있겠습니까?"

○ 해설　위정자의 수양된 인격과 그 효과는 매우 중요하다. 부하에게 문제가 생기는 것은 상사의 언행이 바르지 못한 것과 상당한 관계를 가지는 것이다. 윗물이 아랫물의 청정에 영향을 미치지 않는 법은 없다.

論語 進실로 욕심을 부리지 않으면

계 강 자　환 도　　　　문 어 공 자
季康子 患盜하여 問於孔子한대,

공 자 대 왈　구 자 지 불 욕　　　수 상 지　　　　부 절
孔子對曰, 苟子之不欲이면 雖賞之라도 不竊하리라.

○ 풀이　계강자가 도둑이 많은 것을 걱정하여 공자에게 조언을 구하자, 공자께서 말씀하셨다.

"진실로 선생이 욕심을 부리지 않는다면, 비록 상을 준다고 해도 백성들은 도둑질을 하지 않을 것입니다."

○ 해설　계강자는 적자(嫡子)의 자리를 빼앗고 왕권까지 무력하게 만든 세도가였다. 그는 또한 백성들에게 무거운 세금을 부과하여 부를 축적했으니 도둑치고는 큰 도둑인 셈이다. 이런 그가 백성들 중에 도둑이 되어 치안을 어지럽히는 자가 많음을 걱정한 것이다.

그에게 공자는 이렇게 충고하고 있다. 위정자인 당신부터 탐욕을 버리고, 월권행위를 하지 않는다면 백성들의 도둑질도 자연히 사라지게 될 것이다. 또한 윗자리에 있는 사람이 청렴결백하다면 아랫사람들은 자연히 그 본을 따르게 마련이다.

論語精義 이름을 낸다는 것

자장 문 사 하여 사 가 위 지 달 의
子張이 問하되 士何如라야 斯可謂之達矣니이까.

자 왈 하 재 이 소 위 달 자
子曰, 何哉요 爾所謂達者여.

자장 대 왈 재 방 필 문 재 가 필 문
子張이 對曰, 在邦必聞하며 在家必聞이니이다.

자 왈 시 문 야 비 달 야
子曰, 是는 聞也라 非達也니라.

부 달 야 자 질 직 이 호 의
夫達也者는 質直而好義하며

찰 언 이 관 색 여 이 하 인
察言而觀色하여 慮以下人하나니

재 방 필 달 재 가 필 달
在邦必達하며 在家必達이니라.

부 문 야 자 색 취 인 이 행 위 거 지 불 의
夫聞也者는 色取仁而行違오 居之不疑하나니,

재 방 필 문 재 가 필 문
在邦必聞하며 在家必聞이니라.

○ 풀이　자장이 물었다.

"선비는 어떻게 하면 통달했다고 할 수 있습니까?"

공자께서 말씀하셨다.

"네가 말하는 통달이란 무슨 뜻이냐?"

이에 자장이 대답하였다.

"제후의 나라에서도 반드시 명성을 나고, 경대부의 영지에서도 반드시 이름이 나는 것입니다."

그러자 공자께서 말씀하셨다.

"그것은 명성이지 통달이 아니다. (참으로 통달하는 사람은) 성품이 소박 강직하고 정의를 사랑하고, 남의 말을 깊이 살피고, 남의 기색을 관찰하고 또 신중한 태도로 남에게 겸손해한다. 그래야 제후의 나라에서도 통달할 수 있고 또 경대부의 영지에서도 통달할 수 있는 것이다. 그러나 명성을 얻기만 하는 사람은 겉으로는 인을 취하는 척하면서 실제로는 인에 어긋나는 짓을 한다. 그러면서도 자기의 처신에 대해서 의아하게 여기기 않는 사람이다. 이들이 곧 제후의 나라에서도 이름을 내고, 경대부의 영지에도 이름을 내는 것이다."

🔲 벗과의 사귐에도 중용의 지혜가 있어야 한다

자공 문우 자왈 충고이선도지
子貢이 問友한대 子曰, 忠告而善道之하되,

불가즉지 무자욕언
不可則止하여 無自辱焉이니라.

○ 풀이　자공이 벗에 대해 묻자, 공자께서 말씀하셨다.

"진실된 마음으로 조언을 해주고 잘 인도하되, 듣지 않으면 그만두어야 한다. 지나친 충고로 도리어 욕을 당하는 일이 없도록 해야 한다."

○ 해설　친구가 잘못을 저지를 때는 이를 지적하여 고치도록 해야 한다.

그러나 지나친 충고는 도리어 반발과 원망을 초래할 수도 있다. 그러므로 끝내 충고를 거부할 때는 멈추도록 해야 한다. 그리고 그가 스스로 깨달을 때까지 기다려야 할 것이다. 이렇게 벗과의 사귐에도 중용의 지혜가 있어야 하는 것이다.

자기 발전을 이루는 것

증 자 왈　군 자 이 문 회 우　　이 우 보 인
曾子曰, 君子以文會友하고 以友輔仁이니라.

○ 풀이　증자가 말했다.
"군자는 학문을 중심으로 벗을 모으고, 벗과의 우정을 통하여 인덕을 서로 돕는 것이다."

○ 해설　군자는 학문을 중심으로 하여 서로 모이고, 토론과 인간적인 교류를 통하여 학덕을 갈고 닦는 것이다. 이런 가운데 인덕을 높이고 자기 발전을 이루게 되는 것이다.

13장

인격수양과 처세

앞에는 정치에 관한 문답이 많고, 뒤에는 정치와 가정 도덕 및 위정자와 정치에 참여하는 선비들이 지켜야 할 도덕에 관한 내용이 많다. 본 장은 치국(治國), 즉 나라를 다스림과 인격 수양 및 처세에 대한 말씀이 수록되어 있다.

論 語
子 路

먼저 앞장서서 일을 해야 한다

論語
子路

자로 문정 　　　자왈　선지로지
子路 問政한대, 子曰, 先之勞之니라.

청익 　　왈　무권
請益한대 曰, 無倦이니라.

○ 풀이　자로가 정치에 대해서 묻자, 공자께서 말씀하셨다.
"백성을 위해 먼저 앞장서서 일을 하고, 다음에 백성을 위해 힘을 다하는
일이다."
좀 더 설명해주기를 청하자, 공자께서 말씀하셨다.
"언제나 게으름을 피우지 말고 해야 하는 것이다."

○ 해설　공안국(孔安國)은 '선지로지(先之勞之)'를 '앞서서 덕으로 인도하
고 백성들로 하여금 믿게 하고, 다음에 그들을 부리고 일을 하게 한다.'라
고 풀이했다.

論語구경 현명한 인재 등용

^{중궁} ^{위계씨재} ^{문정}
仲弓이 爲季氏宰라 問政한대

^{자왈} ^{선유사} ^{사소과} ^{거현재}
子曰, 先有司요 赦小過하며 擧賢이니라.

^왈 ^{언지현재이거지}
曰, 焉知賢才而擧之리이까?

^{자왈} ^{거이소지} ^{이소부지} ^{인기사제}
子曰, 擧爾所知면 爾所不知를 人其舍諸아?

○ 풀이　중궁이 계씨의 가재(家宰)가 되어 정치에 대해 묻자, 공자께서 말씀하셨다.

"먼저 각 부처의 담당관들에게 일을 나누어 맡겨야 한다. 작은 과실을 용서하며, 현명한 인재를 등용해야 한다."

"현명한 인재인지 어떻게 알고 등용합니까?"

"우선 네가 잘 아는 현명한 사람을 등용해라. 그리하면 네가 알지 못하는 현명한 사람을 다른 사람들이 그냥 내버려두겠느냐?"

자기 말에 소홀함이 없어야 한다

자왈 군자 명지 필가언야 언지 필가행야
子曰, 君子 名之인댄 必可言也며 言之인댄 必可行也니.

군자 어 기 언 무 소 구 이 의
君子於其言에 無所苟已矣니라.

○ 풀이 공자께서 말씀하셨다.

"군자가 명분을 바로잡으면 반드시 바르게 말할 수 있고, 바르게 말을 하면 반드시 바르게 행할 수 있게 되는 것이다. 군자는 자기 말에 소홀함이 없어야 한다."

○ 해설 정치의 기초는 신용이다. 신용이 있으면 사회질서는 쉽게 회복된다. 그렇게 하자면 명분이 실제에 부합되게 해야 한다.

시 삼백 편을 외운다 해도

자왈 송 시 삼 백 수 지 이 정 부달
子曰, 誦詩三百하되 授之以政에 不達하며.

사 어 사 방 불 능 전 대 수 다 역 해 이 위
使於四方에 不能專對하면 雖多나 亦奚以爲리오?

○ 풀이 공자께서 말씀하셨다.

"시 삼백 편을 외운다 해도 정치를 맡기면 잘해내지 못하고, 사신으로 사방에 가서도 독자적으로 대응할 수 없다면, 비록 시를 많이 외운들 무슨 소용이 있겠는가?"

○ 해설 『시경』은 지식의 보고일 뿐만 아니라 감정의 표현방식을 세련되게 하는 고전이다. 그래서 많은 지식인들이 이를 모두 암송했던 것이다. 그런데 그것을 전부 암송한들 실제 행정이나 외교에 적용할 수 없다면 소용이 없는 것이다.

위정자 자신이 올바르게 행동해야 한다

자 왈   기 신 정   불 령 이 행   기 신 부 정   수 령 부 종
子曰, 其身正이면 不令而行하고 其身不正이면 雖令不從이니라.

○ 풀이 공자께서 말씀하셨다.
"위정자 자신이 올바르면 명령을 내리지 않아도 만사가 이루어지고, 위정자 자신이 올바르지 않으면 비록 명령을 내려도 백성들이 따르지 않는다."

○ 해설 윗사람의 말과 행동이 그 신분과 등급에 적합하지 못할 때 아랫사람은 그의 명령을 조소하거나 기만할 것이다. 자신이 굽어 바르지 못한 자의 명령을 누가 따르겠는가?

論語 진실로 훌륭해졌다

자 위 위 공 자 형　　　선 거 실
子謂衛公子荊한대 善居室이로다.

시 유　　왈　구 합 의
始有에 曰, 苟合矣라 하고.

소 유　　왈　구 완 의　　　　부 유　　왈　구 미 의
少有에 曰, 苟完矣라 하고 富有에 曰, 苟美矣라 하니라.

○ 풀이　　공자께서 위나라 공자 형(荊)에 대하여 말씀하셨다.
"그는 집안 살림을 잘 꾸려갔다. 처음으로 재산이 모이기 시작하자 '그런
대로 필요한 만큼 모였다.'라고 하였고, 그 후 좀 더 재물이 늘어나자, '그
런 대로 다 갖추었다.'라고 말했으며, 그 후 아주 부유하게 되자 '진실로
훌륭해졌다.'라고 하였다."

○ 해설　　공자가 위공자 형(荊)을 칭찬한 이유는 당시 탐욕스런 다른 경
대부들과는 달리 자기를 억제할 줄 알고 절약으로 축재하는 사람이었기
때문이다.

論語字踏 백성들이 부유해지고 나면

염유왈 기서의 우하가언
冉有曰, 旣庶矣어든 又何加焉이리이까?

자왈 부지
子曰, 富之니라.

왈 기부의 우하가언
曰, 旣富矣어든 又何加焉이리이까?

자왈 교지
子曰, 敎之니라.

○ 풀이   염유가 물었다.

"백성이 많아지고 나면 거기에 무엇을 더해 주어야 합니까?"

공자께서 말씀하셨다.

"그들을 부유하게 해주어야 한다."

"백성들이 부유해지고 나면 또 무엇을 더해 주어야 합니까?"

공자께서 말씀하셨다.

"그들을 교육시켜야 한다."

論語구절 나를 등용시키는 사람이 있다면

자 왈　구 유 용 아 자　　기 월 이 이 가 야　　삼 년　　유 성
子曰, 苟有用我者면 朞月而已可也라도 三年이면 有成이니라.

○ 풀이　공자께서 말씀하셨다.

"진실로 나를 등용시키는 사람이 있다면 1년이면 나라를 바로잡고, 어느 정도 기강을 잡을 수 있을 것이고, 3년이면 치적을 이룰 수 있을 것이다."

○ 해설　공자는 정치의 요체와 그 선후를 아는 능력을 가졌기 때문에 1년 내지 3년이면 어떤 확실한 성과를 보일 수 있다고 확신하였다.

論語구절 예의에 의한 관리방식

자 왈　선 인 위 방 백 년　　역 가 이 승 잔 거 살 의
子曰, 善人爲邦百年이면 亦可以勝殘去殺矣라 하니.

성 재　　시 언 야
誠哉라 是言也여!

○ 풀이　"착한 사람이 백 년 동안 나라를 다스린다면, 잔악한 사람을 교화시키고 사형을 없앨 수 있다.'고 했거늘, 이는 정말 옳은 말이다."

○ 해설　예의에 의한 관리방식은 강압적인 관리방식과 대조되는 말로써 공자의 사상과 일치한다.

論語子路 태평성대를 이루는 날

자 왈   여 유 왕 자   필 세 이 후 인
子曰, 如有王者라면 必世而後仁이니라.

○ 풀이   공자께서 말씀하셨다.
"만약 왕자가 (왕도정치를 행하는 자) 나타난다면 반드시 한 세대가 지난 이후에는 천하에 인덕(仁德)이 행해질 것이다."

○ 해설   왕자(王者)란 세력 확장에 수단과 방법을 가리지 않는 패자(覇者)와는 정반대되는 입장에 있는 사람이다. 그는 성인(聖人)다운 학식과 인격을 갖추고 온 천하의 모든 사람들에게 인정(仁政)을 베푸는 실천자이다. 인간의 선의지(善意志)를 믿고 잘못과 비행(非行)을 덕으로써 교화(敎化)하는 그에게 천하의 민심이 자연히 쏠리게 된다. 그러므로 이런 성왕이 나타난 지 30년쯤 되면, 온 세상에 인덕이 골고루 미쳐 태평성대를 이루게 되는 것이다.

論語 子路 자기 자신을 바로잡아야 한다

자왈 구정기신의 어종정호하유
子曰, 苟正其身矣면 於從政乎何有며?

불능정기신 여정인하
不能正其身이면 如正人何오?

○ 풀이　공자께서 말씀하셨다.

"자기 자신을 바로잡는다면 정치를 하는 데 있어서 무슨 문제가 있겠는가? 자기 자신을 바로잡지 못한다면 어떻게 남을 바르게 다스릴 수 있겠는가?"

○ 해설　남을 관리하는 사람은 우선 자기 몸가짐부터 바르게 가져야 한다. 그래야만 남의 행위를 고쳐줄 수 있고 그들은 자기 요구대로 행동하게 할 수 있다.

論語 子路 위정자의 덕정

섭공 문정 자왈 근자열 원자래
葉公이 問政한대 子曰, 近者說하며 遠者來니라.

○ 풀이　섭공이 정치에 대해 묻자, 공자께서 말씀하셨다.

"가까이 있는 사람들이 기쁘게 따르고, 멀리 있는 사람이 덕을 따라오게 해야 합니다."

○ 해설　섭공은 초나라의 대부로 대외관계에서 적극적인 활약을 한 정치인이다. 그러나 백성들에게 덕정(德政)을 베푸는 데는 그다지 신경을 쓰지 않았다. 공자는 정치란 먼저 위정자가 덕정을 베풀어 백성들을 즐거운 마음으로 따르게 해야만, 성과를 거둘 수 있음을 강조하고 있다.

만물을 길러내는 인(仁)

번지 문인　　　자왈　거처공　　　집사경　　　여인충
樊遲 問仁한대 子曰, 居處恭하며 執事敬하며 與人忠을

수지이적　　　불가기야
雖之夷狄이라도 不可棄也니라.

○ 풀이　번지가 인(仁)에 대해서 묻자, 공자께서 말씀하셨다.
"평소의 일상생활에서 늘 공손하고, 일을 처리할 때에는 신중하며, 다른 사람을 대할 때는 진심으로 대해야 하는 것이다. 이는 비록 오랑캐 땅에 간다 할지라도 버려서는 안 된다."

○ 해설　인은 만물을 낳아 길러내는 봄날 같은 마음씨라 할 수 있다. 이런 마음씨는 늘 공손하며 바르게 하고 남과 진심으로 사귀고자 하면 오랑캐의 땅에서도 자란다는 것이다.

選 선비의 조건

자 왈 행 기 유 치 사 어 사 방 불 욕 군 명 가 위 사 의
子曰, 行己有恥하며 使於四方하여 不辱君命이면 可謂士矣니라.

○ 풀이 　공자께서 말씀하셨다.

"자신의 행동에 대해 부끄러워할 줄 알고, 사방에 사신으로 가서도 임금
으로부터 받은 사명을 욕되게 하지 않는다면, 선비라고 할 수 있다."

○ 해설 　무릇 선비라 함은 염치를 알고 사신으로 손색이 없는 자, 효행
과 예절로 일가와 고을에서 칭찬받는 자, 말에 믿음과 행동에 결과가 있
는 자라 할 수 있다.

選 중용의 도를 실천하는 사람

자 왈 부 득 중 행 이 여 지 필 야 광 견 호
子曰, 不得中行而與之엔 必也狂狷乎인저!

광 자 진 취 견 자 유 소 불 위 야
狂者는 進取오 狷者는 有所不爲也니라.

○ 풀이 　공자께서 말씀하셨다.

"중용의 도를 실천하는 사람과 함께 하지 못한다면, 차라리 뜻이 높은 사
람이나 혹은 고지식한 사람을 택하겠다. 뜻이 높은 사람은 진취적이고,
고지식한 사람은 절대로 나쁜 일을 하지 않기 때문이다."

　공자는 사람을 선택할 경우, 우선 중용의 도를 아는 사람을 얻고, 다음으로 과격한 사람이나 완고한 사람을 택하겠다는 것이다.

論語 句絡 부화뇌동하지 말아야 한다

자왈　군자　　화 이 부 동　　　소 인　　동 이 불 화
子曰. 君子는 和而不同하고 小人은 同而不和니라.

○ 풀이　공자께서 말씀하셨다.

"군자는 사람들과 화합하지만 부화뇌동하지는 않고, 소인은 부화뇌동하지만 사람들과 화합하지 못한다."

○ 해설　군자는 자기의 독특한 개성과 확고한 가치판단을 지니고 있는 사람이다. 그는 공공의 이익이나 도리에 맞는 일에 협조를 아끼지 않는다. 그러나 이 경우에도 자기의 주관을 지닌 채 남과 화합하는 것이다. 이에 반하여 소인은 뚜렷한 주관이나 개성이 없는 존재로 자기의 이익을 위해서는 불합리한 일에 쉽게 뇌동한다. 군자가 자기의 창조성으로 사회 발전에 공헌할 수 있음에 반하여, 소인은 옳지 못한 일에 동화됨으로써 자기의 존재마저 상실하는 것이다.

〔論語子路〕 소인을 상관으로 섬기기는 어렵다

자 왈　군자　　이 사 이 난 열 야
子曰, 君子는 易事而難説也니.

열 지 불 이 도　　불 열 야　　급 기 사 인 야　　기 지
説之不以道면, 不説也요. 及其使人也, 器之니라.

소 인　　난 사 이 이 열 야　　열 지 수 불 이 도
小人은 難事而易説也니. 説之雖不以道라도,

열 야　　급 기 사 인 야　　구 비 언
説也요, 及其使人也 求備焉이니라.

○ 풀이　공자께서 말씀하셨다.

"군자는 섬기기는 쉬워도 기쁘게 하기는 어렵다. 그는 올바른 도리로써 기쁘게 하지 않으면 기뻐하지 않지만, 그가 다른 사람을 부릴 때에는 그 사람의 역량에 맞게 일을 맡긴다. 소인은 섬기기는 어려워도 기쁘게 하기는 쉽다. 그를 기쁘게 하려면 올바른 도리로써 하지 않더라도 기뻐하지만, 그가 다른 사람을 부릴 때에는 그 사람이 온갖 재능을 다 갖추고 있기를 바란다."

○ 해설　군자는 섬기기는 쉬우나 환심을 사기는 어렵다. 그는 적절한 부서에 적절한 사람을 배치하여 그 적성과 기량에 맞게 쓴다. 그러므로 군자 밑에서는 부하들이 마음껏 자신의 능력을 발휘할 수 있다. 그러나 군자를 올바른 도리가 아닌 방법, 즉 이권 제공이나 아부 같은 것으로 매수하거나 기쁘게 할 수는 없는 것이다.

이에 반하여 소인을 섬기기는 어렵지만 기쁘게 하기는 쉽다. 왜냐하면 이권 제공이나 아부 같은 것으로 쉽사리 그의 환심을 살 수 있기 때문이

다. 그러나 소인은 부하의 적성이나 기량을 고려할 줄 모른다. 그는 자기의 사욕을 채우기 위해 사람을 임시방편으로 쓰기 때문이다. 그러므로 유능한 사람도 소인 밑에서는 자기의 실력을 발휘할 기회가 없는 것이다. 따라서 소인을 상관으로 섬기기는 참으로 어려운 일이다.

論語句解 인(仁)에 가까운 사람

자 왈   강 의 목 눌   근 인
子曰, 剛毅木訥이면 近仁이니라.

○ 풀이   공자께서 말씀하셨다.

"강직함과 의연함, 질박하고 말이 적은 사람은 인(仁)에 가깝다."

한 사람이 가르친다면

자 왈   선 인   교 민 칠 년   역 가 이 즉 융 의
子曰, 善人이 教民七年이면 亦可以卽戎矣니라.

○ 풀이   공자께서 말씀하셨다.

"선한 사람이 백성들을 7년 동안 가르친다면, 그 백성들을 전쟁에 나가
싸우게 할 수 있다."

백성을 버리는 일

자 왈   이 불 교 민 전   시 위 기 지
子曰, 以不教民戰이면 是謂棄之니라.

○ 풀이   공자께서 말씀하셨다.

"백성들을 가르치지 않고 전쟁에 나가도록 하는 것은 곧 그들을 버리는
것이다."

14장

수신제가

본 장은 춘추시대의 제후나 대부에 대한 인물평이 대부분 수록되어 있다. 아울러 '인을 실천하고 염치를 아는 것'과 '자신을 수양하고 백성을 편하게 해주는 것'이 정치의 요체임을 밝힌다.

論語
憲問

🔳 녹봉을 받는 조건

헌 문 치　　　자 왈　방 유 도　　곡　　　방 무 도　　곡　　치 야
憲問恥한대, 子曰, 邦有道에 穀하며 邦無道에 穀이 恥也니라.

○ 풀이　　원헌이 부끄러움에 대해서 묻자, 공자께서 말씀하셨다.
"나라에 도가 행해지고 있을 때에 자리를 차지하고 앉아서 녹봉이나 받
아먹고, 나라에 도가 행해지지 않을 때에도 관직에서 물러나지 않고 녹
봉을 받아먹는 것은 부끄러운 일이다."

○ 해설　　무도한 나라에 출사하여 녹을 받아먹는 것은 백성의 재물을 도
둑질하는 범죄라 하겠다. 인정(仁政)을 펴는 경우에 출사하여 녹을 받아
먹어야 한다.

🔳 선비라고 할 수 없는 것

자 왈　사 이 회 거　　부 족 이 위 사 의
子曰, 士而懷居면 不足以爲士矣니라.

○ 풀이　　공자께서 말씀하셨다.
"선비가 편안히 살기만을 생각한다면, 선비라고 할 수가 없다."

덕과 인간다운 사람

자 왈 유 덕 자   필 유 언   유 언 자   불 필 유 덕
子曰, 有德者는 必有言이어니와 有言者는 不必有德이니라.

인 자   필 유 용   용 자   불 필 유 인
仁者는 必有勇이어니와 勇者는 不必有仁이니라.

○ 풀이　공자께서 말씀하셨다.

"덕이 있는 사람은 반드시 본받을 만한 훌륭한 말을 하는 법이지만, 훌륭한 말을 하는 사람이라고 해서 반드시 덕이 있는 것은 아니다. 인간다운 사람은 반드시 용기를 갖고 있지만, 용기를 갖고 있다고 해서 반드시 인간다움이 갖추어져 있는 것 또한 아니다."

○ 해설　덕이 있는 사람은 반드시 그 말이 착하다. 그러나 착한 말을 하는 사람 모두가 덕이 있는 자라고 단정할 수는 없다. 왜냐하면 교언영색으로 그 겉모습과 속마음이 아주 다를 수도 있기 때문이다. 어진 사람의 용기에는 그 밑바탕에 정의감과 인간애가 스며들어 있다. 그러나 용기 있는 사람이라고 해서 모두 정의감과 인간애의 소유자라고 할 수는 없다. 단순히 용기만 있을 뿐 의로움과 인덕(人德)을 모르는 자도 있기 때문이다.

🔖 소인으로서 어진 사람은 없다

자 왈　군 자 이 불 인 자　유 의 부
子曰, 君子而不仁者는 有矣夫어니와!

미 유 소 인 이 인 자 야
未有小人而仁者也니라.

○ 풀이　공자께서 말씀하셨다.
"군자로서 어질지 못한 사람은 있을 수 있지만, 소인으로서 어진 사람은
있어 본 적이 없었다."

○ 해설　군자에는 인하지 못한 자도 있지만 소인에는 인자가 아직 없다
고 한다. 아마 만물을 낳아 길러내는 봄날 같은 마음씨보다 힘을 획득하
고 지배하는 편이 더 쉽기 때문인지도 모른다.

🔖 사랑하고 충심이 있다는 표시

자 왈　애 지　능 물 노 호
子曰, 愛之란 能勿勞乎아?

충 언　능 물 회 호
忠焉이란 能勿誨乎아?

○ 풀이　공자께서 말씀하셨다.
"그를 사랑한다면서, 힘든 일을 시키지 않을 수 있겠느냐? 그에게 충성한
다면서, 바르게 깨우쳐 주지 않을 수 있겠느냐?"

○ 해설   남을 힘써 노력하게 하고 가르쳐 깨우치는 것은 그를 사랑하고 충심이 있다는 표시이다. 맹자가 '임금으로 하여금 선을 베풀게 하고 사(邪)됨이 없도록 해야 그를 존경할 만하다.'고 한 것도 같은 이치일 것이다.

🔖 인격 완성

자 왈   견 리 사 의   견 위 수 명
子曰, 見利思義하며 見危授命하며,

구 요   불 망 평 생 지 언   역 가 이 위 성 인 의
久要에 不忘平生之言이면 亦可以爲成人矣니라.

○ 풀이   공자께서 말씀하셨다.
"이로움이 되는 일을 보면 의로운 것인지를 생각하고, 위태로운 사태를 보면 목숨을 내놓으며, 오래전의 약속이라 할지라도 옛날에 한 말을 잊지 않는다면, 인격 완성이라 할 수 있다."

○ 해설   공자가 그리는 완성된 인물상이 어떤 것인지 알 수 있는 내용이다.

🔖 공로 속에도 우열이 있다

자왈 진문공 휼이부정 제환공 정이불휼
子曰, 晉文公은 譎而不正하고 齊桓公은 正而不譎하니라.

○ 풀이   공자께서 말씀하셨다.

"진나라 문공은 권모술수를 잘 쓰고 정도(正道)를 따르지 않았지만, 제나라 환공은 정도를 따르고 권모술수를 쓰지 않았다."

○ 해설   두 임금 모두 주나라 왕실을 섬기고 오랑캐를 물리친 패자이다. 그들이 임금을 섬겨 오랑캐를 물리친 공로는 인정하지만 그 속에도 우열이 있다.

🔖 군자는 날마다 위로 통달한다

자왈 군자 상달 소인 하달
子曰, 君子는 上達하고 小人은 下達이니라.

○ 풀이   공자께서 말씀하셨다.

"군자는 날마다 위로 통달하고, 소인은 날마다 아래로 통달한다."

🔲 공부는 자기 향상을 위해 해야 한다

자 왈　고 지 학 자 위 기　　금 지 학 자 위 인
子曰, 古之學者爲己러니 今之學者爲人이로다.

○ 풀이　　공자께서 말씀하셨다.
"옛날의 공부하는 이들은 자기 향상을 위해 하였고, 오늘날의 공부하는
이들은 남에게 알려지기 위해 한다."

○ 해설　　학문하는 목적이 자기를 관리함에 있어야 함에도, 요즘은 남을
관리함에 두고 있다고 비판한다.

🔲 현명한 사람이란

자 왈　불 역 사　　불 억 불 신　　억 역 선 각 자　시 현 호
子曰, 不逆詐하며 不億不信이나 抑亦先覺者 是賢乎인저!

○ 풀이　　공자께서 말씀하셨다.
"남이 나를 속이지 않을까 미리 의심하지 말고, 남이 나를 믿지 않을까
억측하지 말아야 한다. 그러나 무슨 일이든 먼저 깨달아 아는 이는 현명
한 사람이다."

○ 해설　　사람을 미리 불신하여 경계할 것이 아니라 상대방과 대화하고 사
귀면서 마음속의 변화가 있으면 그때 즉시 대처하는 것이 현명한 일이다.

좋은 말은 조련이 잘된 것이다

자 왈   기   불 칭 기 력   칭 기 덕 야
子曰, 驥는 不稱其力이라 稱其德也니라.

○ 풀이   공자께서 말씀하셨다.
"기주의 좋은 말은 그 힘으로 일컫는 것이 아니라, 그 조련이 잘되었으므
로 일컫는 것이다."

○ 해설   천리마의 센 힘은 평소의 조련으로 어질어진다. 군자도 일생을
통해 지향하는 가치의 근원을 쌓아올려 훌륭하게 된다.

은덕은 은덕으로 갚아야 한다

혹 왈   이 덕 보 원   하 여
或曰, 以德報怨이 何如니이까?

자 왈   하 이 보 덕   이 직 보 원   이 덕 보 덕
子曰, 何以報德고? 以直報怨이오 以德報德이니라.

○ 풀이   어떤 사람이 물었다.
"은덕으로 원한을 갚는 것은 어떻습니까?"
공자께서 말씀하셨다.
"그러면 은덕은 무엇으로 갚겠는가? 원한은 정의로써 갚고, 은덕은 은덕
으로 갚는 것이다."

○ 해설 공자는 원한에는 바른 도리로 갚고, 은덕에는 은덕으로 보답하라고 가르친다.

🔲 하늘의 심오한 이법

자 왈 불 원 천   불 우 인   하 학 이 상 달
子曰, 不怨天하며 不尤人이요 下學而上達하노니

지 아 자 기 천 호
知我者其天乎인저!

○ 풀이 공자께서 말씀하셨다.

"하늘을 원망하지 않고 사람을 탓하지 않으며, 아래로부터 배워서 심오한 이치에까지 도달하였으니, 나를 알아주는 것은 저 하늘뿐이다!"

○ 해설 춘추시대에 태어난 공자는 세상을 바로잡고, 백성을 건질 큰 뜻을 품었으나 그는 자신을 알아주는 사람이 없다고 탄식했다. 그러나 그는 하학이상달(下學而上達)한 경지를 하늘이 알아주리라고 스스로를 달랬다. 하학(下學)이란, 자기의 생활 주변의 일을 성실히 배워나가는 것으로 즉, 어버이에게 효도하고 벗에게는 신의를 지키며, 말을 삼가고 맡은 일에는 민첩함과 같은 것이다. 그는 실천적인 자기 수양을 통하여 급기야는 상달(上達), 즉 하늘의 심오한 이법(理法)에까지 통달하게 되었다는 것이다.

🏛 악을 피하는 지혜

자왈　현자　　피세　　　기차　　피지
子曰, 賢者는 辟世하고 其次는 辟地하고

기차　　피색　　　기차　　피언
其次는 辟色하고 其次는 辟言이니라.

○ 풀이　　공자께서 말씀하셨다.
"현명한 사람은 도가 행해지지 않는 어지러운 세상을 피하고, 그 다음 가
는 사람은 무도한 나라를 피하고, 그 다음 가는 사람은 무례한 사람을 피
하고, 그 다음 가는 사람은 그릇된 말을 피한다."

○ 해설　　현명한 자는 악을 피하는 지혜를 가지고 있다. 피세, 피지, 피색,
피언을 차례로 예시하였다.

🈑 백성을 편안케 해주어야 한다

子路 問君子한대 子曰, 修己以敬이니라.
자로 문군자   자왈 수기이경

曰, 如斯而已乎이까?
왈 여사이이호

曰, 修己以安人이니라.
왈 수기이안인

曰, 如斯而已乎이까?
왈 여사이이호

曰, 修己以安百姓이니 修己以安百姓은
왈 수기이안백성   수기이안백성

堯舜도 其猶病諸시니라!
요순   기유병제

○ 풀이　자로가 군자에 대하여 묻자, 공자께서 말씀하셨다.

"자기를 수양하고 경건해야 한다."

"그렇게만 하면 됩니까?"

"자기를 수양하고 다른 사람들을 편안케 해주어야 한다."

"그렇게만 하면 됩니까?"

"자기를 수양하여 백성들을 편안케 해주어야 한다. 자기를 수양하고 백성들을 편안케 해주는 것은 요임금과 순임금도 아마 실현하기 어려워한 것이다."

○ 해설　군자는 자기의 언행을 수양하고 백성을 편안케 하고자 하는 사명감을 지니고 있다. 그러나 이는 말하기는 쉽지만 실천하기는 어렵다.

그러므로 요순과 같은 성군들도 이 일의 실현을 위해 고심했던 것이다. 그러나 군자는 자기가 실천해야 할 과제를 자각하여, 한 치의 소홀함이 없어야 한다.

15장

처세와 명언

본 장은 공자가 겪은 여러 가지 불우한 일들에 관한 기술 및 쇠퇴한
세상을 한탄하는 감회를 적었다. 그 속에서도 수양과 처세에 관한
말씀과 교육적인 명언(名言) 등이 수록되어 있다.

論 語

衛靈公

🔖 군자도 곤궁에 처한다

위 령 공 　 문 진 어 공 자
衛靈公이 問陣於孔子한대

공 자 대 왈 　 조 두 지 사 　 즉 상 문 지 의
孔子對曰, 俎豆之事는 則嘗聞之矣어니와

군 려 지 사 　 미 지 학 야 　 　 명 일 수 행
軍旅之事는 未之學也라 하시고 明日遂行하시다.

재 진 절 량 　 　 종 자 병 　 막 능 흥
在陳絶糧하니, 從者病하야, 莫能興이러니

자 로 온 견 왈 　 군 자 역 유 궁 호
子路 慍見曰, 君子亦有窮乎이까?

자 왈 　 군 자 　 고 궁 　 소 인 　 궁 사 람 의
子曰, 君子는 固窮이니 小人은 窮斯濫矣니라.

○ 풀이 　 위(衛)나라 영공(靈公)이 진법(陣法)에 대하여 묻자 공자께서 대답하셨다.

"나는 제법(祭法)에 대해서는 일찍이 들어서 알지만, 군사(軍事)에 대해선 배운 적이 없습니다."

이튿날 공자께서는 드디어 위나라를 떠나셨다. 진(陳)나라로 떠나가실 때, 양식이 떨어져서 따라갔던 문하생들은 몹시 지쳐버려서 일어설 수도 없을 지경이었다. 자로가 화가 나서 공자께 여쭈었다.

"군자도 곤궁에 처할 경우가 있습니까?"

공자께서 말씀하셨다.

"군자도 곤궁에 처할 경우가 있다. 하지만 곤궁해도 탈선하지 않는다. 그러나 소인은 곤궁하면 옳지 못한 짓을 하게 된다."

덕치(德治)를 모르는 위나라의 영공은 공자에게 전진(戰陣)을 물었다. 이와 같이 무도한 난세에서는 참다운 군자는 궁핍하게 마련이다. 그러므로 도가 행해지는 세상을 만들려고 고생을 하는 것이다. 궁핍에 지면 안 된다. 공자는 군자의 곤궁함은 하늘이 내리는 시련이니, 참아야 한다고 타이른 것이다.

論語대법회 하나의 이치로 꿰뚫다

자 왈   사 야   여 이 여 위 다 학 이 식 지 자 여
子曰, 賜也아, 女以予爲多學而識之者與아?

대 왈   연   비 여
對曰, 然하니다. 非與이까?

왈   비 야   여 일 이 관 지
曰, 非也라. 予一以貫之니라.

○ 풀이   공자께서 자공에게 물으셨다.
"사야, 너는 내가 많이 배워서 그것들을 기억하는 사람이라고 생각하느냐?"
자공이 대답하였다.
"그렇습니다. 그런 것이 아닙니까?"
"아니다. 나는 오직 하나의 이치로 모든 것을 꿰뚫을 뿐이다."

○ 해설   모든 행동을 '하나인 인덕, 곧 충(忠)과 서(恕)'를 바탕으로 해야 한다. 한편 만물에 대한 인식을 '하나의 천도'를 기준으로 하면 모든 것이 관통하기 마련이다.

論語 순임금의 처세

자 왈 무 위 이 치 자   기 순 야 여
子曰, 無爲而治者는 其舜也與신저!

부 하 위 재   공 기 정 남 면 이 이 의
夫何爲哉시리오? 恭己 正南面而已矣시리라.

○ 풀이   공자께서 말씀하셨다.
"스스로 애쓰지 않고도 천하를 태평하게 다스린 사람은 순임금이었다.
그는 어떻게 하였을까? 그는 자기의 몸가짐을 공손히 하고 바르게 임금
의 자리를 지키고 있었을 뿐이다."

○ 해설   공자는 순임금이 자연의 질서와 사회의 질서, 그리고 사람들 마
음의 질서가 일치하는 도리, 즉 공손으로써 천하를 다스렸다고 본다.

論語 어디에서나 통할 수 있는 행실

자 장 문 행   자 왈 언 충 신   행 독 경
子張이 問行한대 子曰, 言忠信하며 行篤敬이면

수 만 맥 지 방   행 의   언 불 충 신
雖蠻貊之邦이라도 行矣어니와 言不忠信하며

행 부 독 경   수 주 리   행 호 재
行不篤敬이면 雖州里니 行乎哉아?

○ 풀이   자장이 어디에서나 통할 수 있는 행실에 대해서 묻자, 공자께서

말씀하셨다.

"말이 진실되고 믿음직하며, 행동이 독실하고 공경스러우면 비록 오랑캐의 나라에서라도 통할 수 있을 것이다. 말이 진실되고 믿음직스럽지 못하며 행동이 독실하고 공경스럽지 않다면, 비록 고향에서도 통할 수 있겠느냐?"

나라에 도가 행해지지 않으면

자왈 직재 사어 방유도 여시 방무도 여시
子曰, 直哉라 史魚여! 邦有道에 如矢하며 邦無道에 如矢로다.

군자재 거백옥
君子哉라 蘧伯玉이여!

방유도즉임 방무도즉가권이회지
邦有道則任하고 邦無道則可卷而懷之로다.

○ 풀이　공자께서 말씀하셨다.

"강직하구나, 사어여! 나라에 도가 행해질 때도 화살처럼 곧았고, 나라에 도가 행해지지 않을 때도 화살처럼 곧았다. 군자로다, 거백옥이여! 나라에 도가 행해지면 나아가 벼슬을 하고, 나라에 도가 행해지지 않으면 능력을 거두어 숨을 수 있도다!"

論語 후세에 귀감이 되는 거룩한 행적

자왈　지사 인인　　무 구 생 이 해 인
子曰, 志士仁人은 無求生以害仁이오,

유 살 신 이 성 인
有殺身以成仁이니라.

○ 풀이　　공자께서 말씀하셨다.

"높은 뜻을 지닌 선비와 어진 사람은 목숨이 아까워서 인(仁)을 손상시키
는 짓을 하지 않으며 자신의 목숨을 버리고라도 인을 이룬다."

○ 해설　　생명은 누구에게나 소중한 것이다. 그러나 뜻이 있는 선비와 어
진 사람은 자기의 생존을 위해 인도(仁道)에 어긋나는 일을 하지는 않는
다. 오히려 목숨과 인도(仁道)의 구현이 양립할 수 없을 때는 목숨을 버릴
수 있는 것이다. 그러므로 이들의 거룩한 행적은 후세에 귀감이 된다.

論語 인을 행하는 방도

자 공　　문 위 인　　자왈 공　　욕 선 기 사　　　필 선 리 기 기
子貢이 問爲仁한대 子曰, 工이 欲善其事인대 必先利其器니

거 시 방 야　　　사 기 대 부 지 현 자　　　우 기 사 지 인 자
居是邦也하여 事其大夫之賢者하며 友其士之仁者니라.

○ 풀이　　자공이 인을 행하는 방도를 묻자, 공자께서 말씀하셨다.

"기술자가[장인(匠人)이] 그의 일을 잘하려면 반드시 먼저 연장을 잘 손

질해야 한다. 인을 실천하는 것도 이와 같은 것이니, 어떤 나라에 살든 그 나라의 대부들 가운데 현명한 사람을 섬기고, 그 나라의 선비들 중에서 어진 사람을 벗해야 한다."

○ 해설　인을 행하는 방식으로 장인의 도구 관리에 비유했다.

도움이 되지 못하는 모임

자 왈　군 거 종 일　언 불 급 의　호 행 소 혜　난 의 재
子曰, 群居終日에 言不及義오 好行小慧면 難矣哉라!

○ 풀이　공자께서 말씀하셨다.
"여럿이 하루 종일 모여 있으면서 하는 말이 의(義)에 미치지 않고, 잔꾀나 잔재주를 부리려 한다면 곤란하다!"

○ 해설　지성인의 모임은 사회 정의를 논하고 도덕을 완성하는 데에 그 목적을 둔다. 이에 반하여 소인들은 서로 모여 자잘한 재치를 자랑하거나 무의미한 잡담 등으로 시간을 보내게 마련이다. 이들은 전혀 문제의식이 없이 단순히 자기 주변의 사소한 이해관계에만 사로잡혀 있는 것이다. 소인들의 이와 같은 행태는 자신에게나 사회에 별다른 도움이 되지 못한다.

📖 참다운 군주

자 왈   군 자   의 이 위 질
子曰, 君子는 義以爲質이요

예 이 행 지   손 이 출 지   신 이 성 지   군 자 재
禮以行之하며 孫以出之하며 信以成之하나니 君子哉라!

○ 풀이   공자께서 말씀하셨다.

"군자는 의를 바탕으로 삼고 예로써 실행하며, 공손한 태도로 그것을 말하며, 신의로써 그것을 성사시키니 진실로 군자로다!"

○ 해설   군자는 의(義)를 바탕으로 예(禮)로써 자기의 말을 신중하고 겸손하게 하여, 자기가 한 말을 실천하고 완성해야 참다운 군자라고 할 수 있다.

📖 군자의 걱정 1

자 왈   군 자   병 무 능 언   불 병 인 지 불 기 지 야
子曰, 君子는 病無能焉이오 不病人之不己知也니라.

○ 풀이   공자께서 말씀하셨다.

"군자는 자신의 무능을 걱정할 뿐, 다른 사람이 자기를 알아주지 않음을 걱정하지 않는다."

軍 군자의 걱정 2

자 왈　군 자　질 몰 세 이 명 불 칭 언
子曰, 君子는 疾沒世而名不稱焉이니라.

○ 풀이　　공자께서 말씀하셨다.

"군자는 세상을 떠난 후에 그 이름이 일컬어지지 않을까를 걱정한다."

軍 자기 자신에게서 잘못을 찾는 군자

자 왈　군 자　구 제 기　　소 인　구 제 인
子曰, 君子는 求諸己요, 小人은 求諸人이니라.

○ 풀이　　공자께서 말씀하셨다.

"군자는 자기 자신에게서 잘못을 찾고 소인은 남에게서 잘못을 찾는다."

○ 해설　　사람의 인격과 도량은 책임 추궁 문제에서 확연히 드러나게 된다. 즉 군자는 일이 잘못되면 그 책임을 자신에게 묻고 깊이 반성하여, 다시는 되풀이하지 않도록 유의한다. 그러나 소인은 이와 다르다. 즉 일이 잘못되면 그 책임을 남에게 돌리고, 자기는 빠져나갈 궁리를 한다.

論語 사물을 보거나 듣는 능력

자 왈 군 자 불 이 언 거 인 불 이 인 폐 언
子曰, 君子는 不以言擧人하며 不以人廢言이니라.

○ 풀이　공자께서 말씀하셨다.
"군자는 그럴 듯한 말만 듣고 사람을 천거하지 않으며, 인격이 보잘것없
다고 해도 그 사람의 지당한 말을 버리지는 않는다."

○ 해설　세상을 사는 데는 전면과 이면까지 고려하여 사물을 보거나 듣
는 능력이 필요하다. 항상 사물의 양면성이나 사건의 시말(始末)을 인정
하고 그것을 포괄적으로 관찰하면 결정이 바르고 결과도 확실하게 된다.

論語 평생토록 지켜나갈 만한 것

자 공 문 왈 유 일 언 이 가 이 종 신 행 지 자 호
子貢 問曰, 有一言而可以終身行之者乎이까?

자 왈 기 서 호 기 소 불 욕 물 시 어 인
子曰, 其恕乎인저! 己所不欲을 勿施於人이라.

○ 풀이　자공이 물었다.
"한마디 말로 평생토록 지켜나갈 만한 것이 있습니까?"
공자께서 말씀하셨다.
"그것은 바로 서(恕)일 것이다! 자기가 원하지 않는 것을 남에게 행하지
말라."

○ 해설   용서라는 방식으로 인간관계의 상실을 막고 끈끈한 친밀감을 생산해내는 것이 사업을 유지하는 데 필요하다. 사업은 기본적으로 사회적인 활동이며 사람들 사이의 관계이기 때문이다.

論語 반드시 살펴보아야 한다

자 왈   중 오 지   필 찰 언   중 호 지   필 찰 언
子曰, 衆惡之라도 必察焉하며 衆好之라도 必察焉이니라.

○ 풀이   공자께서 말씀하셨다.
"여러 사람들이 미워하여도 반드시 살펴보아야 하고, 여러 사람들이 좋아하여도 반드시 잘 살펴보아야 한다."

論語 사람이 도를 넓히는 것이다

자 왈   인 능 홍 도   비 도 홍 인
子曰, 人能弘道오 非道弘人이니라.

○ 풀이   공자께서 말씀하셨다.
"사람이 도를 넓힐 수 있는 것이지, 도가 사람을 넓히는 것이 아니다."

論語 잘못이 있어도 고치지 않는 것

자 왈　과 이 불 개　　시 위 과 의
子曰, 過而不改를 是謂過矣니라.

○ 풀이　　공자께서 말씀하셨다.
"잘못이 있어도 고치지 않는 것, 이것이 바로 잘못이다."

○ 해설　　도를 바르게 알아야, 도에서 벗어난 것이 잘못임을 알고, 따라서 고치게 마련이다. 당사자가 과연 자신의 잘못을 뉘우치고 올바른 길로 나가게 되었느냐, 아니면 똑같은 과오를 되풀이하고 있느냐에 따라 그 사람의 슬기와 도덕성의 유무를 알 수 있는 것이다.

論語 배우는 것만 못하다

자 왈　오 상 종 일 불 식　　종 야 불 침　　이 사　　무 익
子曰, 吾嘗終日不食하고 終夜不寢하여 以思하니 無益이라,

불 여 학 야
不如學也로다.

○ 풀이　　공자께서 말씀하셨다.
"나는 일찍이 종일토록 먹지 않고 밤새도록 자지 않으면서 사색을 해보 았지만, 유익함이 없었고 배우는 것만 못했다."

○ 해설　　공부나 연구는 혼자 할 때보다 여럿이 팀워크를 이루어 하는 것

256

이 훨씬 효과적이다. 비즈니스에서도 끊임없이 외부 상황을 연구하며 경제적인 노력을 할 때에 목표를 이룬다.

軍子는 가난을 걱정하지 않는다

자왈 군자 모도 불모식 경야 뇌재기중의
子曰, 君子는 謀道요 不謀食하나니 耕也에 餒在其中矣요.

학야 녹재기중의 군자 우도 불우빈
學也에 祿在其中矣니 君子는 憂道요 不憂貧이니라.

○ 풀이   공자께서 말씀하셨다.

"군자는 도를 추구할 뿐 먹을 것을 추구하지 않는다. 농사를 지어도 더러는 굶주릴 수 있지만, 학문을 하면 벼슬길에 나아가 녹을 얻을 수 있다. 그러므로 군자는 도를 걱정하되 가난을 걱정하지 않는다."

○ 해설   흉작이면 농사를 해도 굶주리는 수가 있다. 고급지식인들은 정도를 펴서 천하를 안정시키고 생산 활동을 지도하여 백성들이 잘살게 해야 한다. 높은 녹봉이 바로 그 속에 있기 때문이다.

🔲 군자는 큰일을 잘해낼 수 있다

자왈 군자 불가소지 이가대수야
子曰, 君子는 不可小知 而可大受也요.

소인 불가대수 이가소지야
小人은 不可大受 而可小知也니라.

○ 풀이 공자께서 말씀하셨다.

"군자는 작은 일은 잘 못 해도 큰일은 맡아 할 수 있고, 소인은 큰일은 감당하지 못해도 작은 일은 잘할 수 있다."

○ 해설 군자와 소인은 지혜와 능력의 규모에서 구별할 수 있다. 그러므로 그들을 관리하는 요령도 마땅히 구별하여 적용해야 좋은 결과를 기대할 수 있다.

🔲 인을 따르다가 죽는 사람은 없다

자왈 민지어인야 심어수화
子曰, 民之於仁也에 甚於水火하니.

수화 오견도이사자의 미견도인이사자야
水火는 吾見蹈而死者矣어니와 未見蹈仁而死者也니라.

○ 풀이 공자께서 말씀하셨다.

"백성들에게 인은 물과 불보다 더 중요하다. 나는 물과 불에 빠지거나 휩싸여 죽는 사람은 보았지만, 인을 따르다가 죽는 사람은 보지 못하였다."

○ 해설　물과 불은 사람의 일상생활에 있어 필수불가결한 요소이다. 그러나 인(仁)은 이것들보다 더욱 긴요한 것이다. 왜냐하면 인을 저버린다면 사람이 사람 구실을 할 수 없기 때문이다. 그러나 인도(仁道)의 구현을 위해 헌신하는 사람이 없는 것이 현실이다. 공자는 이 점을 개탄하고 있다.

論語 군자는 이성의 소유자다

자 왈　　군 자　　정 이 불 량
子曰, 君子는 貞而不諒이니라.

○ 풀이　공자께서 말씀하셨다.
"군자는 곧고 바르지만 무턱대고 맹신하지는 않는다."

○ 해설　군자는 절조가 굳지만 시비곡직을 가리지 않고 집착하는 사람은 아니다. 그는 항상 도리에 맞는 것을 가려서 행하는 이성(理性)의 소유자이다.

論語 그 뜻을 올바르게 전달하면 된다

자 왈　사　　달 이 이 의
子曰, 辭는 達而已矣니라.

○ 풀이　공자께서 말씀하셨다.
"말이란 그 뜻을 올바르게 전달하면 그것으로 족하다."

○ 해설 말과 문장은 그 뜻을 제대로 전달하기만 하면 그만이다.
지나치게 수식에 치중하다가는 도리어 내용을 왜곡할 수도 있다.

論語 소경인 악사를 돕는 길

사 면   견   급 계   자 왈   계 야   급 석
師冕이 見할새 及階어늘 子曰, 階也라 하시고 及席어늘

자 왈   석 야   개 좌
子曰, 席也라 하시고 皆坐어늘

자 고 지 왈   모 재 사   모 재 사
子告之曰, 某在斯 某在斯라 하시다.

사 면   출   자 장   문 왈   여 사 언 지 도 여
師冕이 出커늘 子張이 問曰, 與師言之道與인고?

자 왈   연   고 상 사 지 도 야
子曰, 然하다 固相師之道也니라.

○ 풀이 악사인 소경 면이 공자를 찾아와 뵈었다. 그가 층계 앞에 오면,
공자가 "층계요."라 하고, 그가 자리 앞에 오면, 공자가 "자리요."라 했다.
그가 자리 잡고 앉으면, 공자가 "아무개는 여기 있고, 아무개는 저기 있
소." 하고 말씀하셨다. 악사 면이 물러간 다음에 자장이 물었다.
"소경인 악사에게 말하는 도가 있습니까?"
공자께서 대답하셨다.
"그렇다. 바로 그렇게 하는 것이 소경인 악사를 돕는 길이다."

16장

유익한 즐거움

본 장은 제(齊)나라에서 전하는 제론(齊論)으로 문하생 이외의 다른
사람에 대한 기록이다. 하여 '자왈(子曰)'이 아니라 '공자왈(孔子曰)'
로 기록되어 있다. 삼우(三友)·삼요(三樂)·삼연(三衍)·삼계(三戒)·삼
외(三畏) 등 숫자적으로 맞춘 장이 있다. 총 14편으로 되어 있으나
이 책에서는 간추려 수록했다.

論 語
季 氏

平安하지 못한 것을 걱정한다

공자왈　구야　　문 유국유가자　　불환과 이환불균
孔子曰, 丘也는 聞 有國有家者는 不患寡 而患不均하며

불환빈 이환불안　　　　개　균　　무빈
不患貧 而患不安이라 하니 蓋均이면 無貧이오,

화　무과　안　　무경
和면 無寡오, 安이면 無傾이니라.

○ 풀이　　공자께서 말씀하셨다.

"내가 들은 바에 의하면, '나라를 다스리는 사람은 백성이나 토지가 적은 것을 걱정하지 않고, (혜택이나 분배가) 고르지 않은 것을 걱정하며, 가난한 것을 걱정하지 않고, 평안하지 못한 것을 걱정한다.'라고 했다. 대체로 분배가 고르면 가난하지 않고, 화목하면 백성이 적어지는 일이 없을 것이고, 평안하면 나라가 기울어지지 않을 것이다."

🔲 나라의 운명

공 자 왈　　천 하 유 도　　　즉 예 악 정 벌　　　자 천 자 출
孔子曰, 天下有道면 則禮樂征伐이 自天子出하고

천 하 무 도　　　즉 예 악 정 벌　　　자 제 후 출
天下無道면 則禮樂征伐이 自諸侯出하나니.

자 제 후 출　　　　개 십 세　　　희 불 실 의
自諸侯出이면 蓋十世에 希不失矣오.

자 대 부 출　　　　오 세　　　희 불 실 의
自大夫出이면 五世에 希不失矣오.

배 신　　집 국 명　　　삼 세　　　희 불 실 의
陪臣이 執國命이면 三世에 希不失矣니라.

천 하 유 도　　　즉 정 부 재 대 부
天下有道면 則政不在大夫하고.

천 하 유 도　　　즉 서 인 불 의
天下有道면 則庶人不議하나니라.

○ 풀이　　공자께서 말씀하셨다.

"천하에 도가 행해지면 예악과 정벌이 천자로부터 나오고, 천하에 도가 행해지지 않으면 예악과 정벌이 제후로부터 나오게 된다. 그것이 제후로부터 나오게 되면 대체로 십 대 안에 정권을 잃지 않는 일이 드물고, 그것이 대부로부터 나오게 되면 오 대 안에 정권을 잃지 않는 일이 드물며, 가신이 나라의 대권을 잡으면 삼 대 안에 정권을 잃지 않는 일이 드물다. 천하에 도가 행해지면 정권이 대부에게 있을 리 없고, 천하에 도가 행해지면 뭇 백성들이 정치를 논하지 않는다."

나라의 정체성을 유지하는 상벌권이 천자에서 제후로, 제후에서 대부로, 대부에서 가신으로 빠져나가게 되면, 거기에 상응해서 백성의 원성이 높아지며 나라의 운명도 기울어지는 것이다.

論語季氏 삼환 자손들의 세력

공자왈 녹지거공실 오세의 정체어대부 사세의
孔子曰, 祿之去公室이 五世矣오, 政逮於大夫가 四世矣니

고   부삼환지자손 미의
故로 夫三桓之子孫이 微矣니라.

○ 풀이   공자께서 말씀하셨다.

"작록을 주는 권한이 왕실에서 떠난 지가 5대가 되었고, 정권이 대부의 손에 들어간 지가 4대나 되었다. 그러므로 삼환 자손들의 세력이 쇠약해지는 것이다."

論語季氏 유익한 벗과 해로운 벗

공자왈 익자삼우 손자삼우 우직   우량   우다문
孔子曰, 益者三友요, 損者三友니 友直하며 友諒하며 友多聞이면

익의   우편벽   우선유   우편녕   손의
益矣오. 友便僻하며 友善柔이며 友便佞이면 損矣니라.

공자께서 말씀하셨다.

"유익한 벗이 셋이고, 해로운 벗이 셋이다. 마음이 곧은 이와 벗하고, 성실한 이와 벗하며, 견문이 많은 이와 벗하면 유익하다. 편벽한 사람과 사귀고, 아부하는 사람과 사귀며, 말을 잘 둘러대는 사람과 사귀면 해롭다."

○ 해설 벗을 선택하는 일은 늘 신중해야 한다. 마음이 곧은 이나 성실한 이, 박학다식한 이와 사귀면 이롭다. 이와 반하여 마음이 바르지 못한 자, 남의 눈치나 살피며 아첨하는 자, 또는 성의 없이 말만 잘 둘러대는 자를 가까이 하면 해로울 뿐이다.

이로운 즐거움과 해로운 즐거움

공자왈 익자삼요 손자삼요 요절예악
孔子曰, 益者三樂오, 損者三樂니 樂節禮樂하며

요도인지선 요다현우 익의
樂道人之善하며 樂多賢友면 益矣오.

요교락 요일유 요연락 손의
樂驕樂하며 樂佚遊하며 樂宴樂이면 損矣니라.

○ 풀이 공자께서 말씀하셨다.

"이로운 즐거움이 셋 있고, 해로운 즐거움이 셋 있다. 예악의 절도를 따르기를 즐거워하고, 남의 착한 일을 말하기를 즐거워하며, 현명한 벗을 많이 사귀기를 즐거워하면 이롭다. 교만한 쾌락에 빠지기를 즐거워하고, 하는 일 없이 놀기만을 즐거워하며, 주색의 쾌락을 즐거워하면 해로울 뿐이다."

○ 해설   사람의 즐거움에는 유익한 것도 있고 해로운 것도 있다.
그러므로 선비는 유익한 즐거움을 가리는 슬기가 있어야만 한다.
이에 반하여 자기의 지위를 믿고 술과 여자에 빠진 채 자기의 본분을 잊
는다면 파면을 초래할 뿐이다.

군자의 세 가지 잘못

공 자 왈   시 어 군 자   유 삼 건   언 미 급 지 이 언   위 지 조
孔子曰, 侍於君子에 有三愆하니 言未及之而言을 謂之躁요

언 급 지 이 불 언   우 지 은   미 견 안 색 이 언   위 지 고
言及之而不言을 謂之隱이요 未見顏色而言을 謂之瞽니라.

○ 풀이   공자께서 말씀하셨다.
"군자를 모시는 데 있어서 저지르기 쉬운 세 가지 잘못이 있다. 군자가
말을 하지 않았는데 먼저 말하는 것은 조급한 짓이고, 둘째, 군자가 말을
했는데도 대꾸를 하지 않음은 속을 감추는 짓이며, 셋째, 군자의 안색을
살피지도 않고 성급하게 말함은 눈치가 없는 짓이다."

○ 해설   상대방이 어른과 말씀을 나누는 것으로 그의 천성이 조급한지,
속을 숨기는지 맹목적인지를 가늠할 수 있다는 것이다. 비록 어른과 함
께 한 경우가 아니더라도 때가 된 뒤에 말하면 사람들은 그 말을 싫어하
지 않는 것이 진리이다.

經 경계해야 할 세 가지 일

공자왈　군자유삼계　　소지시　　혈기미정
孔子曰, 君子有三戒하니 少之時에 血氣未定이라,

계지재색　　급기장야　　혈기방강　　계지재투
戒之在色이오 及其壯也하여 血氣方剛이라 戒之在鬪오.

급기노야　　혈기기쇠　　계지재득
及其老也하여 血氣旣衰라 戒之在得이니라.

○ 풀이　공자께서 말씀하셨다.

"군자에게는 경계해야 할 일이 세 가지 있다. 젊을 때는 혈기가 아직 안
정되지 않았으니 색(色)을 경계해야 한다. 장년이 되어서는 혈기가 한창
왕성하니 싸움을 경계해야 한다. 늙어서는 혈기가 이미 쇠잔해졌으니 탐
욕을 경계해야 한다."

○ 해설　젊을 때는 정력, 장년에서는 경쟁력, 노년에 이르러서는 물욕을
경계하는 것이 좋다. 무엇이든 지나치면 좋은 결과가 오지 않으므로 때
에 따라 자기를 절제해야 할 것이지만 지도자에게는 더 높은 절제가 요
망된다.

두려워해야 할 세 가지

공자왈 군자유삼외 외천명 외대인
孔子曰, 君子有三畏하니 畏天命하며 畏大人하며

외성인지언 소인 부지천명이불외야
畏聖人之言이니라. 小人은 不知天命而不畏也라.

압대인 모성인지언
狎大人하며 侮聖人之言이니라.

○ 풀이 　공자께서 말씀하셨다.

"군자에게는 두려워해야 할 일이 세 가지가 있다. 천명을 두려워해야 하고, 큰 인물을 두려워해야 하며, 성인의 말씀을 두려워해야 한다. 소인은 천명을 알지 못하므로 두려워하지 않고, 큰 인물을 예사로 알고 존경치 않으며, 성인의 말씀을 업신여기는 것이다."

○ 해설 　천명은 하늘이 부여한 올바른 이치이고, 대인은 학식과 덕망이 높은 인물이며, 성인의 말씀은 곧 진리이고, 도덕적 규범이다. 그러므로 군자는 이 세 가지를 늘 외경하며 자신의 몸가짐을 삼가는 것이다.

군자의 아홉 가지 생각

공자왈 군자유구사 시사명 청사총 색시온
孔子曰, 君子有九思하니 視思明하며 聽思聰하며 色思溫하며

모사공 언사충 사사경 의사문
貌思恭하며 言思忠하며 事思敬하며 疑思問하며

분사난 견득사의
忿思難하며 見得思義니라.

○ 풀이   공자께서 말씀하셨다.

"군자는 항상 생각하는 바가 아홉 가지 있다. 사물을 볼 때에는 분명하게 볼 것을 생각하고, 나의 말을 들을 때에는 총명하게 들을 것을 생각하고, 안색은 온화하게 할 것을 생각하고, 몸가짐은 공손하게 할 것을 생각하고, 말은 진실하게 할 것을 생각하고, 일은 신중하기를 생각하고, 의심이 날 때에는 물어볼 것을 생각하고, 화가 날 때에는 뒤에 겪을 어려움을 생각하고, 이득 될 것을 보았을 때에는 의로운 것인가를 생각한다."

論語 季氏 나는 아직 그런 사람을 보지 못했다

공자 왈 견 선 여 불 급   견 불 선 여 탐 탕   오 견 기 인 의
孔子曰, 見善如不及하며 見不善如探湯을 吾見其人矣요

오 문 기 어 의   은 거 이 구 기 지   행 의 이 달 기 도
吾聞其語矣로라. 隱居以求其志하며 行義以達其道를

오 문 기 어 의   미 견 기 인 야
吾聞其語矣요 未見其人也로라.

○ 풀이 공자께서 말씀하셨다.

"착한 일을 보면 마치 거기에 미치지 않아 안타까운 듯 간절하게 추구하고, 착하지 않은 일을 보면 끓는 물에 손을 넣은 듯 재빨리 피해야 한다고 했다. 나는 그런 사람을 보았고 그런 말도 들었다. 숨어서 삶으로써 자신이 뜻하는 바를 추구하고, 나아가서는 군신의 의를 행하여 천하에 자신의 도를 달성해야 한다고 했다. 나는 그렇게 하는 말은 들었지만 아직 그런 사람을 보지는 못하였다."

○ 해설 선(善)을 적극적으로 추구하고, 불선(不善)을 경계하는 사람이 있다. 그러나 물러나도 뜻을 찾고, 의를 행하면서 더욱 높은 차원의 도를 구하는 사람이 없다고 말했다.

17장
공자의 탄식

본 장은 공자가 세상인심이 쇠퇴하였음을 한탄한 말과 문하생, 그 밖의 여러 사람에게 경고한 말이 수록되어 있다.
'나라의 대신들뿐만 아니라 가신(家臣)들도 타락했으며, 이에 세상이 흉악하게 되었다.'는 말로 대변된다고 할 것이다.

論語
陽貨

사람의 타고난 성품

자왈 성상근야 습상원야
子曰, 性相近也나 習相遠也니라.

○ 풀이　공자께서 말씀하셨다.
"사람의 타고난 성품은 서로 비슷하지만, 배우고 익히는 습성에 따라 서
로 달라지고 멀어진다."

○ 해설　인간의 선본성(善本性)을 계발하고 발달시키기 위해서는 효도,
윤리도덕 교육을 받고 또 실천해서 몸에 익숙하게 길들도록 해야 한다.
가르치지 않으면 동물적 존재로 전락한다.

다섯 가지 덕목

자장 문인어공자
子張이 問仁於孔子한대,

공자왈 능행오자어천하 위인의
孔子曰, 能行五者於天下면 爲仁矣니라.

청문지 왈 공관신민혜 공즉불모 관즉득중
請問之한대. 曰, 恭寬信敏惠니 恭則不侮하고 寬則得衆하고

신즉인임언 민즉유공 혜즉족이사인
信則人任焉하고 敏則有功하고 惠則足以使人이니라.

○ 풀이　자장이 공자에게 인(仁)에 대해서 묻자, 공자께서 말씀하셨다.

"천하에 다섯 가지 덕목을 행할 수 있으면 그것이 곧 인이 된다."

"청컨대, 그 내용을 여쭙고 싶습니다."

"공손함, 관대함, 믿음직스러움, 민첩함, 은혜로움이 그것이다. 공손하면 업신여김을 당하지 않고, 관대하면 대중의 지지를 얻고, 믿음직스러우면 사람들이 신임하게 되고, 민첩하면 공적을 쌓게 되고, 은혜로우면 다른 사람들을 부릴 수 있게 된다."

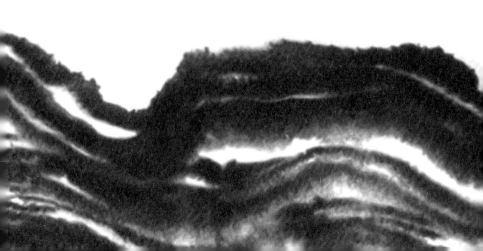

여섯 가지 덕목과 폐단

자 왈   유 야   여 문 육 언 육 폐 의 호   대 왈   미 야
子曰. 由也아. 女聞六言六蔽矣乎아. 對曰, 未也로이다.

거   오 어 녀   호 인 불 호 학   기 폐 야 우
居하라. 吾語女하리라. 好仁不好學이면 其蔽也愚오.

호 지 불 호 학   기 폐 야 탕
好知不好學이면 其蔽也蕩이오.

호 신 불 호 학   기 폐 야 적
好信不好學이면 其蔽也賊이오.

호 직 불 호 학   기 폐 야 교
好直不好學이면 其蔽也絞오.

호 용 불 호 학   기 폐 야 란
好勇不好學이면 其蔽也亂이오.

호 강 불 호 학   기 폐 야 광
好剛不好學이면 其蔽也狂이니라.

○ 풀이   공자께서 말씀하셨다.

"유야, 너는 여섯 가지 덕목에 따르는 여섯 가지 폐단에 관해서 들었느냐?"

자로가 대답하였다.

"아직 못 들었습니다."

"거기 앉아라. 내가 네게 말해주마. 인(仁)을 좋아하되 배우기를 좋아하지 않으면 그 폐단은 어리석게 된다. 지혜로움을 좋아하되 배우기를 좋아하지 않으면 그 폐단은 허황하게 된다. 신의를 좋아하되 배우기를 좋아하지 않으면 그 폐단은 남을 해치게 된다. 정직함을 좋아하면서 배우

지 않으면 그 폐단은 각박하게 된다. 용맹스럽기를 좋아하되, 배우기를 좋아하지 않으면 그 폐단은 난폭하게 된다. 굳센 것을 좋아하되, 배우기를 좋아하지 않으면 그 폐단은 광기를 부리게 된다."

○ 해설　만물은 양면성을 가지며 끊임없이 변화한다. 아무리 좋은 덕목이라도 학문으로써 보완하지 않으면 본질과 멀어진다. 스승은 제자가 '대담한 일을 다음 날로 미루는 법이 없는 사람'이라 평하시고, 그의 급한 성품을 경계하기 위해 여섯 가지 폐단을 말하였다.

📜 왜 시경을 공부하지 않느냐

자 왈　소 자　　하 막 학 부 시　　　시　　가 이 흥　　　가 이 관
子曰, 小子는 何莫學夫詩오? 詩는 可以興이며 可以觀이며,

가 이 군　　　가 이 원　　　이 지 사 부　　　원 지 사 군
可以群이며 可以怨이며 邇之事父며 遠之事君이오,

다 식 어 조 수 초 목 지 명
多識於鳥獸草木之名이니라.

○ 풀이　　공자께서 말씀하셨다.

"너희들은 왜 시경을 공부하지 않느냐? 시경을 배우면 그것으로 감흥을 불러일으킬 수 있고, 인정과 풍속을 살필 수 있으며, 여러 사람들과 잘 어울릴 수 있고 사리에 어긋나지 않게 원망할 수 있게 하며, 가까이로는 그것을 본받아 어버이를 섬기고, 멀리는 임금을 섬기는 도리를 배우게 하며, 또한 새와 짐승과 풀과 나무의 이름에 대해서도 많이 알게 된다."

論語陽貨 언행의 일치

자 왈   색 려 이 내 임   비 제 소 인   기 유 천 유 지 도 야 여
子曰, 色厲而內荏을 譬諸小人컨대 其猶穿窬之盜也與인저!

○ 풀이   공자께서 말씀하셨다.

"얼굴빛은 위엄이 있으면서도 속으로는 나약한 사람을 소인배에 비유한
다면, 그것은 마치 벽을 뚫고 담을 뛰어넘는 도둑과 같은 것이리라!

○ 해설   벼슬아치의 이중적인 모습을 담장에 구멍을 뚫거나 창문을 기
어 넘는 좀도둑에 비유했다. 이는 그들의 일상적인 언행이 얼마나 허구
였으며, 세상 사람들이 언행의 일치를 얼마나 갈구하였을지 짐작할 만하
다.

論語陽貨 큰 덕을 해치는 도둑

자 왈   향 원   덕 지 적 야
子曰, 鄕原*은 德之賊也니라.

○ 풀이   공자께서 말씀하셨다.

"시세에 영합하면서 겉으로만 점잖고 성실한 듯이 행동하여 마을 사람들
에게 인정받는 사람은 큰 덕을 해치는 도둑이다."

● 매사에 옳고 그름을 분명하게 따지지 않고 시세에 영합하면서도 점잖고 성실한듯 행동하여 순박한 마
  을사람들에게 인정받는 사람.

○ 해설　　향원은 예컨대 소정묘(少正卯)와 같은 사이비 인격자이다. 다른 사람의 뜻에 따라 복종하기를 좋아하면서도 옳은 체하는 사람을 분별할 줄 아는 통찰력이 필요하다.

길에서 들은 이야기

자 왈　도 청 이 도 설　　덕 지 기 야
子曰, 道聽而塗說이면 德之棄也니라.

○ 풀이　　공자께서 말씀하셨다.

"길에서 들은 이야기를 다시 그대로 길에서 이야기해 버리는 것은, 그 속에 있는 중요한 것을 생각하려고 하지 않는 것이므로 덕(德)을 버리는 것과도 같다."

○ 해설　　좋은 말은 마음에 간직하고 자기 것으로 하지 않으면 덕을 쌓을 수 없다는 말이다. 공자는 몸을 수양하고 가정을 다스리며, 나라를 다스리고 천하를 평정하여 하늘의 도를 지상에 행하는 것을 이상으로 삼았다. 그리고 사람들이 엄격하게 자신을 다스리며 덕을 쌓기 위해서는 끊임없는 노력이 필요하다는 것을 가르쳤다.

📜 비열한 사람

자 왈　비 부　　가 여 사 군 야 여 재
子曰, 鄙夫와 可與事君也與哉아?

기 미 득 지 야　　환 득 지
其未得之也엔 患得之하고

기 득 지　　환 실 지　　구 환 실 지　무 소 부 지 의
旣得之하얀 患失之하나니 苟患失之면 無所不至矣니라.

○ 풀이　공자께서 말씀하셨다.

"비열한 사람과 함께 임금을 섬길 수 있겠는가? 이런 자는 직위를 얻지
못하면 어떻게 얻을까 근심하며, 또한 직위를 이미 얻고 나서는 잃을까
근심을 한다. 진실로 잃을까 근심하게 되면 못하는 짓이 없게 될 것이다."

📜 하늘은 말하지 않는다

자 왈　여 욕 무 언
子曰, 予欲無言하노라.

자 공 왈　자 여 무 언　　　즉 소 자 하 술 언
子貢曰, 子如不言이시면 則小子何述焉이리이까?

자 왈　천 하 언 재　　　사 시 행 언
子曰, 天何言哉시리오? 四時行焉하며,

백 물 생 언　　　천 하 언 재
百物生焉하나니 天何言哉시리오?

　공자께서 말씀하셨다.

"나는 말을 하지 않으련다."

자공이 말했다.

"선생님께서 말씀을 하시지 않으시면 저희들이 어떻게 선생님의 뜻을 전하겠습니까?"

공자께서 말씀하셨다.

"하늘이 무엇을 말하더냐? 사철이 운행하고 만물이 생겨나지만 하늘이 무엇을 말하더냐?"

📕 마음 쓰는 바가 없다면

자 왈　포 식 종 일　　무 소 용 심　　난 의 재
子曰, 飽食終日하여 無所用心이면 難矣哉라!

불 유 박 혁 자 호　　위 지 유 현 호 이
不有博奕者乎아? 爲之猶賢乎已니라.

○ 풀이　공자께서 말씀하셨다.

"하루 종일 배불리 먹고 마음 쓰는 바가 없다면 참으로 딱한 일이다. 장기나 바둑이라는 것이 있지 않느냐? 차라리 그런 것이라도 하는 것이 하지 않는 것보다 낫다."

○ 해설　아무 하는 일 없이 오직 먹고 놀기만 하는 것은 부끄러운 일이다. 가급적 자기의 직분에 맞는 일을 하고 정말 하는 일이 없으면 장기나 바둑이라도 두라는 것이다.

군자는 도의를 으뜸으로 여긴다

자로왈 군자상용호
子路曰, 君子尙勇乎이까?

자왈 군자의이위상 군자유용이무의 위란
子曰, 君子義以爲上이니, 君子有勇而無義면 爲亂이오,

소인 유용이무의 위도
小人이 有勇而無義면 爲盜니라.

○ 풀이 　자로가 물었다.
"군자는 용맹스러움을 숭상합니까?"
공자께서 말씀하셨다.
"군자는 도의를 으뜸으로 여긴다. 군자가 용맹스러움만 있고 도의가 없으면 난을 일으키게 되고, 소인이 용맹스러움만 있고 도의가 없으면 도둑질을 하게 된다."

○ 해설 　사람은 용기와 실천력만으로는 올바르게 처신할 수 없다. 먼저 확고한 윤리의식을 갖추어야만 한다. 앞에서 말한 덕목도 이런 것으로 무장이 되어야만 바르게 쓰일 수 있는 것이다. 그러므로 군자는 용기보다 의로움을 더욱 숭상하는 것이다.

군자가 미워하는 사람

자공　왈　군자역유오호
子貢이 曰, 君子亦有惡乎이까?

자왈　유오　　오칭인지악자　　오거하류이산상자
子曰, 有惡하니 惡稱人之惡者하며, 惡居下流而訕上者하며,

오용이무례자　　오과감이질자
惡勇而無禮者하며, 惡果敢而窒者니라.

○ 풀이　자공이 물었다.

"군자도 미워하는 것이 있습니까?"

공자께서 말씀하셨다.

"미워하는 것이 있다. 다른 사람의 허물을 떠들어대는 것을 미워하고, 아랫사람이 윗사람을 비방하는 것을 미워하고, 용맹스럽기만 하고 예절을 모르는 것을 미워하고, 과감하기만 하고 꽉 막혀 융통성이 없는 사람을 미워한다."

여자와 소인

자왈　유여자여소인　　위난양야
子曰, 唯女子與小人이 爲難養也니

근지즉불손　　원지즉원
近之則不孫하고 遠之則怨이니라.

○ 풀이　공자께서 말씀하셨다.

"여자와 소인은 다루기가 어렵다. 가까이하면 불손해지고 멀리하면 원망하게 된다."

○ 해설   예를 배우지 못하고 의지력이 굳세지 않으면 순수하거나 감정을 통제하는 것이 자기에게 유익한 줄을 모른다. 교육과 훈련을 통해 가르치면 훌륭한 인적 자원이 될 수도 있다.

인생의 실패작

자 왈   년 사 십 이 견 오 언   기 종 야 이
子曰, 年四十而見惡焉이면, 其終也已니라.

○ 풀이   공자께서 말씀하셨다.
"나이 사십이 되어서도 남에게 미움을 받는다면 (인격적으로) 그야말로 끝장이다."

○ 해설   나이 사십이면 인생의 쓰고 단맛을 어지간히 맛보았다고 할 수 있다. 또한 젊은 날의 객기나 잘못도 깨달을 수 있는 때이다. 그러므로 어느 시인은 사십이면 귀신도 볼 수 있는 나이라 노래한바 있다. 이와 같은 삶의 원숙기에 원만하게 처신하지 못하여 남들의 미움을 받는다면 그의 삶은 실패작이라고 할 수밖에 없다.

18장

현인들의 출사와 은둔생활

본 장은 성인이나 현인 및 공자 자신의 출세, 진퇴에 대한 기록이다.
본 장에서는 세상을 버리고 숨어 사는 현실 도피의 도교사상과 현
실에 적극 참여하려는 유교사상의 근본적인 차이를 엿볼 수 있다.

論 語

微 子

🔖 세 명의 인자(仁者)

미자　　거지　　　기자　　위지노　　　비간　　간이사
微子*는 去之하고 箕子*는 爲之奴하며 比干*은 諫而死하나니

공자왈　은유삼인언
孔子曰, 殷有三仁焉하니라.

○ 풀이　　미자는 떠나버렸고 기자는 노예로 가장하여 숨었고, 비간은 간하다가 죽었다. 공자께서 말씀하셨다.
"은나라에는 세 명의 인자(仁者)가 있었다."

○ 해설　　여기서 미자(微子)의 미(微)와 기자(箕子)의 기(箕)는 봉함을 받은 나라이름이다. 자(子)는 자작(子爵)을 뜻한다. 이들은 나라의 사직과 백성을 위해 자기 한 몸을 돌보지 않았던 현인들이었다. 공자는 이와 같은 인재들이 제대로 쓰이지 못했음을 애석하게 여기고 있다.

---

* 은나라 주왕(紂王)의 서형(庶兄). 이름은 계(啓), 미(微)는 나라이름, 자는 작(爵). 포악무도한 주왕을 간했으나 듣지 않으므로 제기(祭器)를 가지고 미나라로 가서 은나라 선조의 제사를 보전했다.
* 주왕의 숙부로 그의 무도함을 보고 여러 차례 간하다가 듣지 않자 미치광이로 가장하여 그의 종노릇을 했다.
* 주왕의 숙부로 주왕의 무도함을 간하다가 주왕에게 피살되었다. 주왕은 성인(聖人)의 심장에는 일곱 개의 구멍이 있다고 들었다며 그의 심장을 꺼내 보았다고 전한다.

올바른 도리

유 하 혜 위 사 사　　　삼 출　　　인　왈　자 미 가 이 거 호
柳下惠爲士師하여 三黜이어늘 人이 曰, 子未可以去乎아?

왈　직 도 이 사 인　　　언 왕 이 불 삼 출
曰, 直道而事人이면 焉往而不三黜이며

왕 도 이 사 인　　　하 필 거 부 모 지 방
枉道而事人이면 何必去父母之邦이리오?

○ 풀이　　유하혜는 노나라의 사사(재판관)가 되었다가 세 번이나 쫓겨났
다. 그러자 어떤 사람이 물었다.
"당신은 이런 나라를 떠나버릴 만하지 않습니까?"
유하혜가 대답했다.
"올바른 도리에 따라 남을 섬긴다면 어디에 간들 세 번 쫓겨나지 않겠
소? 도를 굽혀 남을 섬길 양이면 굳이 부모의 나라를 떠날 필요가 있겠
소?"

○ 해설　　유하혜는 덕성과 도리를 바탕으로 임금을 섬겼다. 그러나 현실
정치에서는 악한 세(勢)에 밀려 자리에서 쫓겨나는 일도 있는 것이다. 그
래도 그는 조국을 버리지 않았고, 충성을 하려고 했다.

論語 천하에 도가 행해진다면

자왈   오비사인지도여   이수여
子曰, 吾非斯人之徒與요 而誰與리오?

천하유도   구불여역야
天下有道면 丘不與易也니라.

○ 풀이   공자께서 말씀하셨다.

"내가 이 세상 사람들과 함께 살지 않으면 누구와 더불어 살겠는가? 천
하에 도가 행해진다면 나도 그 흐름을 바꾸려 들지는 않을 것이다."

○ 해설   공자는 이 세상 사람들의 무리와 함께 살지 않고 누구와 함께
살겠는가 하면서 세상을 나선다. 그는 천하에 정도가 행해지고 있다면
그것을 바꾸려고 나서지는 않을 것이라고 한다.

論語 임금과 신하 사이

자로   왈 불사무의   장유지절   불가폐야
子路이 曰, 不仕無義하니 長幼之節을 不可廢也니

군신지의   여지하기폐지   욕결기신 이란대윤
君臣之義를 如之何其廢之리오? 欲潔其身 而亂大倫이로다.

군자지사야   행기의야   행기의야   이지지의
君子之仕也는 行其義也니 道之不行은 已知之矣시니라.

○ 풀이   자로가 말하였다.

"관직에 나가지 않는 것은 의로운 일이 아니오. 어른과 아이 사이의 예절도 버릴 수 없는데, 어찌 임금과 신하 사이의 의리를 저버릴 수 있겠소? 그것은 자신의 몸만을 깨끗이 하려다 인간 윤리를 어지럽히는 일이오. 군자가 관직에 나가는 것은 군신의 의리를 지키고자 함이 아니겠소? 바른 도리가 지켜지지 않음은 우리도 이미 잘 알고 있는 일이오."

🔲 공자의 중용

일민   백이   숙제   우중   이일
逸民은 伯夷와 叔齊와 虞仲과 夷逸과

주장   유하혜   소련
朱張과 柳下惠와 少連이니라.

자왈 불강기지   불욕기신   백이 숙제 여
子曰, 不降其志하며 不辱其身은 伯夷 叔齊與인저!

위유하혜소련   강지욕신의   언중륜   행중려
謂柳下惠少連하시대 降志辱身矣니 言中倫하며 行中慮하니,

기사이이의   위우중이일   은거방언
其斯而已矣니라. 謂虞仲夷逸하시대 隱居放言하나

신중청   폐중권
身中清하며 廢中權이니라.

아 즉 이 어 시   무 가 무 불 가
我則異於是하여 無可無不可하라.

○ **풀이**   세상을 피해 숨어 살면서 절의와 행실이 뛰어난 사람으로는, 백이·숙제·우중·이일·주장·유하혜와 소련이 있다.

공자께서 말씀하셨다.

"자신의 뜻을 굽히지 않고 그 몸을 욕되게 하지 않은 사람은 백이와 숙제로다! 유하혜와 소련은 비록 뜻을 굽히고 몸을 욕되게 하였으나, 말이 이치에 맞고 행위는 생각과 일치하였으니, 그들은 그렇게 했을 뿐이다. 우중과 이일은 숨어살면서 하고 싶은 말을 다하였으나, 몸가짐이 깨끗했고 세속을 떠난 것이 시의에 적절하였다. 그러나 나는 이들과 다르다. 그러므로 반드시 그래야만 한다는 것도 없고, 그래서는 안 된다고 하는 것도 없다."

　세상을 등지고 산 유명인사 7인의 장점을 논평하면서 자기의 속내를 보이고 있다. 공자는 이들에 대해 한쪽으로 치우쳐 하나만 지키면서 자기 고집대로 해나가는 사람들이라고 한다. 자기는 이들과 달리 꼭 옳다는 것도, 꼭 옳지 않다는 것도 없이 고집부리지 않고 중용을 지켰다고 한다.

論語 한 사람의 온갖 재능

주공　위노공왈　군자　불시기친
周公이 謂魯公曰, 君子 不施其親하며

불사대신　원호불이
不使大臣으로 怨乎不以하며.

고구무대고　즉불기야
故舊無大故 則不棄也하며

무구비어일인
無求備於一人이니라.

○ 풀이　주공이 그의 아들 노공에게 말했다.

"군자는 자기의 친족을 소홀히 대하지 말며, 대신들로 하여금 자신을 써주지 않는다고 원망하게 하지 않으며, 원로 중신은 커다란 잘못이 없는 한 버리지 않는다. 그리고 한 사람이 온갖 재능이 다 갖춰져 있기를 바라지 않는다."

19장

공자의 제자들

본 장에서는 공자의 뛰어난 제자들-자하(子夏)·자공(子貢)·증자(曾
子)·자장(子張)과 자유(子游)의 말을 기록하고 있다.

論 語
子 張

[論語子張] 선비로서의 기본적인 자격

자장　왈　사　견위치명　　　견득사의　　　제사경
子張이 曰, 士 見危致命하며 見得思義하며 祭思敬하며,

상사애　　기가이의
喪思哀면 其可已矣니라.

○ 풀이　　자장이 말하였다.

"선비는 나라가 위태롭고 위기에 처하게 되면 자신의 목숨을 내던지고
이를 구하며, 이익이 되는 일이 눈앞에 나타나면, 그것을 얻는 일이 도리
에 맞는 일인지를 잘 생각해야 한다. 제사를 지낼 때는 자신의 태도가 공
경스러운가를 생각하고, 상을 당했을 때 슬픔을 생각한다면 선비로서의
기본적인 자격을 갖춘 것이다."

○ 해설　　자로가 인간 완성에 대해 공자에게 묻자, 공자가 말하길, "지혜,
청렴, 무욕, 예능을 두루 갖추고 예악(禮樂)으로 교양을 높여야한다. 그러
나 오늘에는 이익을 보면 정의를 생각하고(見利思義), 위태로움을 보면
목숨을 바칠 줄 알고(見危授命), 오랜 약속일지라도 잊지 않고 실천한다
면 역시 인간 완성이라고 할 수 있다."라고 답하였다.

[論語子張] 덕이나 도

자장　왈　집덕불홍　　　신도부독　　　언능위유　　언능위무
子張이 曰, 執德不弘하며 信道不篤이면 焉能爲有며 焉能爲亡리오?

자장이 말하였다.

"덕을 지녔으나 넓히지 못하고, 도를 믿으나 독실하지 않다면, 어찌 덕이나 도를 지녔다 안 지녔다 말할 수 있겠는가?"

○ 해설 지·인·용의 덕성을 지녔거나 정도를 믿는 것만으로는 부족하다. 아무리 많은 잠재적 능력을 가지고 있어도 그것을 생산적으로 사용하지 않고 쌓아 놓기만 한다면 마치 쓰지 않고 쌓아놓기만 한 돈과 같은 것이다.

論語子張 크게 현명하다면

자장 왈 군자 존현이용중 가선이긍불능
子張이 曰, 君子는 尊賢而容衆하며 嘉善而矜不能이니

아지대현여 어인 하소불용 아지불현여
我之大賢與인대, 於人에 何所不容이며 我之不賢與인댄

인장거아 여지하기거인야
人將拒我니 如之何其拒人也리오?

○ 풀이 자장이 말하였다.

"군자는 현명한 사람을 존중하지만 일반 대중들도 넓게 받아들인다. 선한 사람을 칭찬하지만 능력이 없는 사람도 불쌍히 여긴다. 만약 내가 크게 현명하면, 어찌 사람들을 다 받아들지 않겠는가? 내가 만일 현명하지 못하다면 다른 사람이 나를 멀리할 것인데, 어찌 다른 사람을 멀리할 수 있겠는가?"

원대한 뜻의 장애물

자 하 왈　수 소 도　　필 유 가 관 자 언
子夏曰, 雖小道나 必有可觀者焉이어니와,

치 원 공 니　　시 이　　군 자 불 위 야
致遠恐泥라 是以로 君子不爲也니라.

○ 풀이　　자하가 말하였다.

"비록 작은 기예일지라도 거기에는 반드시 볼 만한 것이 있을 것이지만,
원대한 뜻을 이루는 데 장애가 될까 염려되므로 군자는 그런 것들을 배
우지 않는 것이다."

○ 해설　　제자백가의 설에도 일리가 없지 않을 것이다. 그러나 이를 멀리
하는 까닭은 대도로 나아가는 데 방해가 될까 두려워서이다. 에너지와
시간과 노력은 한정되어 있으므로 가장 필요한 부분에 집중적으로 투자
해야 가장 효과적인 결과를 얻을 수 있기 때문이다.

남의 스승이 될 만한 자격

자 하 왈　　일 지 기 소 망　　　월 무 망 기 소 능　　　가 위 호 학 야 이 의
子夏曰, 日知其所亡하며 月無忘其所能이면 可謂好學也已矣니라.

○ 풀이　　자하가 말하였다.

"날마다 자신이 알지 못하던 것을 알게 되고, 달마다 자신이 잘하는 것을
잊지 않는다면 가히 배우기를 좋아한다고 할 수 있다."

공자는 온고이지신(溫故而知新)이면 남의 스승이 될 만하다고 했다. 자하도 유사한 말을 하고 있다. 『주역』 대축괘도 옛 성인의 말씀이나 행동을 많이 알아서 축적함으로써 그 덕이 된다고 했다. 결코 내일도 어제처럼 해야 한다는 의미로 보아서는 안 될 것이다.

군자는 학문을 가지고 도를 실천한다

자 하 왈　　백 공 　 거 사　　 이 성 기 사 　　　군 자 학 　 　이 치 기 도
子夏曰, 百工이 居肆하여 以成其事하고 君子學하여 以致其道니라.

○ 풀이　자하가 말하였다.

"모든 기술자들은 작업장에서 열심히 일함으로써 그들의 일을 성취하지만, 군자는 학문을 가지고 도를 실천한다."

○ 해설　배움이 간곡해야 일이든 도(道)이든 이룰 수 있다는 견해는 전적으로 옳다. 전념할 수 있는 사회적 분위기와 장래에 대한 예측 가능성이 절대 필요하다.

🔲 소인은 속임수와 변명으로 일관한다

자 하 왈   소 인 지 과 야   필 문
子夏曰, 小人之過也는 必文이니라.

○ 풀이   자하가 말하였다.
"소인은 잘못을 저지르면 반드시 그럴 듯하게 꾸며댄다."

○ 해설   사람은 누구나 잘못을 저지르게 마련이다. 중요한 것은 그것을
뉘우치고 고치려고 하는 태도 여부이다. 그러나 소인은 잘못을 반성하기
는커녕 속임수와 변명으로 일관하고 있다. 이렇게 해서는 아무런 발전이
없다. 모름지기 사람은 허물을 뉘우치고 고치려고 하는 자세에서 참다운
인격 향상을 이루게 되는 것이다.

🔲 세 가지 변(變)의 풍모

자 하 왈   군 자   유 삼 변   망 지 엄 연
子夏曰, 君子 有三變하니 望之儼然하고

즉 지 야 온   청 기 언 야 려
卽之也溫하고 聽其言也厲니라.

○ 풀이   자하가 말하였다.
"군자에게는 세 가지 다른 면이 있다. 그를 멀리서 바라보면 위엄이 있고,
가까이 대해 보면 온화하며 그의 말을 들어보면 옳고 그름이 명확하다."

○ 해설　공자는 먼 데서 볼 때와 가까이 대했을 때, 그리고 말씀을 들었을 때에 그 모습이 다르다고 한다. 또 온화하되 엄숙하고, 위엄이 있되 사납지 않고, 공손하되 편안하였다고 말하기도 한다. 지금도 이처럼 세 가지 변(變)의 풍모를 소유한 인물이 있다면 틀림없이 군자일 것이며, 경영자로서도 대성할 것이다.

論語 子張　믿음은 위정(爲政)의 기초

자 하 왈　군 자 신 이 후　　로 기 민　　미 신 즉 이 위 여 기 야
子夏曰, 君子信而後에 勞其民이니 未信則以爲厲己也니라.

신 이 후　　간　　미 신 즉 이 위 방 기 야
信而後에 諫이니 未信則以爲謗己也니라.

○ 풀이　자하가 말하였다.

"군자는 백성들의 신뢰를 얻은 후에 그 백성들을 부려야 한다. 미처 신뢰를 얻지 못한 상태에서 백성들을 부리면, 자기를 학대한다고 생각한다. 신임을 받은 후에 간언을 해야 한다. 신임을 받지 못한 상태에서 간언하면, 자기를 비방한다고 생각한다."

○ 해설　믿음은 위정(爲政)의 기초이다. 개인이든 회사든 믿음부터 얻지 않고서는 진실한 의도가 왜곡되거나 장애를 만나 목표를 성취할 수 없다.

論語子張 규범의 한계

자하왈　대덕　불유한　　소덕　출입　　　가야
子夏曰, 大德이 不踰閑이면 小德은 出入이라도 可也니라.

○ 풀이　자하가 말하였다.

"큰 덕목이 그 규범의 한계를 넘지 않으면, 사소한 덕목은 융통성을 두어 그 경계를 좀 넘나들어도 괜찮다."

○ 해설　큰 덕의 큰 테두리 속에서는 작은 덕 즉, 사소한 예의범절의 소통이 허용될 수 있다는 것이다. 천리와 본성이 일치하는 범위 내에서 상호 출입이 허용될 것이다. 수요가 부족하여 경제가 어려울 때는 저축보다는 소비가 미덕이 되는 이치이다.

論語子張 부모의 상

증자왈　오문제부자　　인미유자치자야　필야친상호
曾子曰, 吾聞諸夫子하니 人未有自致者也나 必也親喪乎인저!

○ 풀이　증자가 말하였다.

"내가 선생님께 상(喪)에 관해 들으니, '사람은 스스로 정성을 다하지 않지만, 부모의 상을 당하면 반드시 자신의 정성을 다할 것이다.'라고 하셨다."

○ 해설　부모의 상사(喪事)는 그 이외의 일과 본질이 다르다. 본질이 다르면 그에 대한 준비와 방식이 달라야 한다. 애통을 다하는 장례를 의미

한 것이다.

군자의 잘못

자공 왈   군 자 지 과 야   여 일 월 지 식 언   과 야
子貢曰, 君子之過也는 如日月之食焉이라, 過也에.

인 개 견 지   경 야   인 개 앙 지
人皆見之하고 更也에 人皆仰之니라.

○ 풀이   자공이 말하였다.

"군자의 잘못은 일식이나 월식과 같다. 따라서 잘못을 저지르면 저절로 모든 사람들의 눈에 뜨이고, 그것을 고치면 사람들이 모두 우러러본다."

○ 해설   지도자의 행동 양식이 얼마나 어려운가에 대해, 중국에서 상업의 신으로까지 추앙받게 되었던 자공이 정곡을 찔러 말한 것이다.

크고 작은 문화적 유산이 모두 스승

위공손조문어자공왈 중니언학
衛公孫朝問於子貢曰 仲尼焉學고

자공왈 문무지도미추어지　재인
子貢曰 文武之道未墜於地하여 在人이라.

현자　식기대자　불현자　식기소자
賢者는 識其大者하고 不賢者는 識其小者하여

막불유문무지도언　부자언불학
莫不有文武之道焉하니 夫子焉不學이시며

이역하상사지유
而亦何常師之有시리오.

○ 풀이　위나라 대부 공손조가 자공에게 물었다.
"중니는 누구에게서 배웠습니까?"
자공이 대답하였다.
"문왕·무왕의 도가 아직 땅에 떨어지지 않고 사람들 속에 남아 있습니다.
현자는 그중에서 큰 것을 알고 있고, 현명치 못한 자도 그중 작은 일들을
알고 있습니다. 어디서든지 문왕·무왕의 도가 없는 곳이 없습니다. 선생
님께서는 어찌 배우지 아니할 것이며 또한 어찌 항상 가르치는 스승이
있었겠습니까?"

○ 해설　위나라 대부인 공손조가 공자의 스승에 대해 묻자, 자공이 대답
한 내용이다. 공자는 요·순·우·탕·문·무·주공을 스승으로 하여 선대의
훌륭한 정도를 회복하고자 했던 것이다. 그러므로 크고 작은 문화적 유
산이 모두 스승이라는 말이다.

論語 子張 내 담장은 어깨 높이

숙손무숙　어대부어조왈　자공　현어중니
叔孫武叔이 語大夫於朝曰 子貢이 賢於仲尼하니라.

자복경백　이고자공　자공왈 비지궁장　사지장야
子服景伯이 以告子貢한대 子貢曰 譬之宮牆컨대 賜之牆也는

급견　규견실가지호　부자지장　수인
及肩이라 窺見室家之好어니와 夫子之牆은 數仞이라

부득기문이입　불견종묘지미　백관지부
不得其門而入이면 不見宗廟之美와 百官之富니

득기문자 혹과의　부자지운 불역의호
得其門者 或寡矣니 夫子之云 不亦宜乎아.

○ 풀이　숙손무숙이 노나라 조정에서 대부들에게 말하길, "자공이 중니보다 현명하다."고 하였다.

자복경백이 이 사실을 자공에게 알리자, 자공이 말하였다.

"그 일을 궁궐의 담장에 비유한다면 내 담장은 어깨 높이쯤 되는지라, 궁궐 안의 좋은 것을 전부 엿볼 수 있습니다. 선생님의 담장은 한 두어 길쯤 높아 그 대문을 통해 들어가지 못하면 그 안의 종묘의 아름다움과 백관의 그 풍부함을 볼 수 없습니다. 그 문으로 들어갈 수 있었던 사람이 비교적 적었으니 그분의 말도 또한 당연하지 않을까요?"

○ 해설　자공은 공자의 도의 깊이를 담장 높이로 비유해 쉽게 설명하였다. 정문으로 들어가 정규 과정을 통해 알게 된 바(知)를 실행(行)함으로써 정도를 만들어 가지 않고서는 마스터할 수 없다는 것이다.

論語子張 그를 넘을 수 없다

숙손무숙   훼중니   자공왈 무이위야
叔孫武叔이 毁仲尼어늘 子貢曰 無以爲也하라.

중니   불가훼야   타인지현자
仲尼는 不可毁也니라 他人之賢者는

구릉야   유가유야
丘陵也니 猶可踰也어니와

중니   일월야   무득이유언   인   수욕자절
仲尼는 日月也라 無得而踰焉이니 人이 雖欲自絶이나

기하상어일월호   다현기부지량야
其何傷於日月乎리오. 多見其不知量也로다.

○ 풀이   숙손무숙이 중니를 헐뜯자, 자공이 말하였다.
"그러지 마시오. 중니를 비난해서는 안 됩니다. 다른 현자는 낮은 구릉이
라 오히려 넘을 수 있지만, 중니는 일월이라 그를 넘을 수 없습니다. 사람
들이 비록 스스로 일월과 인연을 끊으려 하나, 그것이 어찌 일월을 손상
시킬 수 있겠습니까?

○ 해설   공자를 일월에 비유했다. 비방하는 자는 오히려 자기의 무지만
드러내고 만다는 말은 진정으로 당당한 변론이라 하겠다.

論語子張 스승에 대한 숭앙심

진자금　위자공왈　자위공야　　중니기현어자호
陳子禽이 謂子貢曰, 子爲恭也언정 仲尼豈賢於子乎리오?

자공왈　군자일언　　이위지　　일언　　이위부지
子貢曰, 君子一言에 以爲知하며 一言에 以爲不知니

언불가불신야
言不可不愼也니라.

부자지불가급야　　유천지불가계이승야
夫子之不可及也는 猶天之不可階而升也니라.

부자지득방가자　　소위입지사립　　도지사행
夫子之得邦家者인댄 所謂立之斯立하며 道之斯行하면

수지사래　　동지사화　　기생야영　　기사야애
綏之斯來하며 動之斯和하여 其生也榮하고 其死也哀니

여지하기가급야
如之何其可及也리오?

○ 풀이　　진자금이 자공에게 말하였다.

"선생께서 겸손해서 그렇지, 중니가 어찌 선생님보다 현명하겠습니까?"
자공이 말하였다.

"군자는 말 한 마디로 지혜롭다고 여겨지기도 하고, 말 한 마디로 어리석
게도 여겨지는 것이니, 말은 신중히 하지 않으면 안 되오. 내가 우리 선생
님께 미칠 수 없는 것은 마치 사다리를 타고 하늘에 오를 수 없는 것과
같소. 선생님께서 만약 나라를 다스렸다면 백성들에게 스스로 일어설 능
력을 주시고, 그들을 바른 길로 이끌어 행하게 하며, 그들을 편안케 하여
모여들게 하고, 그들을 격려하여 화목을 이루게 할 것이오. 그러므로 그

분이 살아계심을 백성들은 영광으로 여기고, 돌아가셔서는 슬픔으로 가득했으니 어찌 우리가 그분께 미칠 수 있겠소?"

○ 해설　자공은 스승 공자의 드높은 경지를 사람이 사다리로 하늘을 오를 수 없는 것으로 표현하고 있다. 또한 그는 공자가 죽자, 무려 6년 동안이나 무덤 옆에서 시묘를 한 바 있다. 이와 같이 그의 스승에 대한 숭앙심(崇仰心)은 거의 신앙에 가까운 것이다.

20장

정치적 이상과 천명사상

본 장은 공자의 말이나 제자의 말을 추린 것과는 직접적인 관계가 없고 다만 옛 성현의 도(道)를 말한 것으로 후세에 덧붙여진 것으로 볼 수 있다.

論語
堯曰

공평하면 백성들이 기뻐하게 된다

요왈   자   이순   천지역수재이궁   윤집기중
堯曰, 咨라! 爾舜아! 天之歷數在爾躬하니 允執其中하라.

사 해 곤 궁   천 록 영 종   순   역 이 명 우
四海困窮하면 天祿永終하리라. 舜이 亦以命禹하시니라.

왈   여 소 자 리   감 용 현 모   감 소 고 우 황 황 후 제
曰, 予小子履는 敢用玄牡하여 敢昭告于 皇皇后帝하노니

유 죄   불 감 사   제 신 불 폐   간 재 제 심
有罪를 不敢赦하며, 帝臣不蔽니 簡在帝心이니이다.

짐 궁 유 죄   무 이 만 방   만 방 유 죄   죄 재 짐 궁
朕躬有罪는 無以萬方이오 萬方有罪는 罪在朕躬하니라.

주 유 대 뢰   선 인   시 부
周有大賚하니 善人이 是富하니라.

수 유 주 친   불 여 인 인   백 성 유 과 재 여 일 인
雖有周親이나, 不如仁人이오 百姓有過 在予一人이니라.

근 권 량   번 법 도   수 폐 관   사 방 지 정 행 언
謹權量하며 審法度하며 修廢官하신대 四方之政行焉하니라.

흥 멸 국   계 절 세   거 일 민
興滅國하며 繼絶世하며 擧逸民하신대

천 하 지 민 귀 심 언
天下之民歸心焉하니라.

소 중   민   식   상   제
所重은 民·食·喪·祭러시다.

관 즉 득 중   신 즉 민 임 언
寬則得衆하고 信則民任焉하고

민 즉 유 공　　공 즉 열
民則有功하고 公則說이니라.

○ 풀이　요임금이 순임금에게 왕위를 물려줄 때 말하였다.

"아! 그대 순이여! 하늘의 정해진 뜻이 그대에게 와 있으니 진실로 중용의 도를 지키도록 하라. 온 세상의 백성들이 곤궁해지면, 하늘이 그대에게 내리는 복록도 영원히 끊어질 것이다."

순임금도 역시 (이 말을 선양할 때) 우에게 일러 주었다. (은나라의 탕왕이 하나라의 마지막 걸왕을 토벌하고, 천자의 자리에 오르려 할 때, 하늘과 제후에게 다음과 같이 맹세했다.)

"변변치 못한 리(履)는 감히 검은 황소를 제물로 바치며 위대하신 천자께 아뢰옵니다. 죄가 있는 자를 함부로 용서할 수 없으며, 천제의 신하 중 어진 이를 버려둘 수 없으나, 그들을 가려냄은 오로지 천제의 뜻에 달려 있습니다. 제 몸에 죄가 있다면 그것은 세상의 백성들과는 상관이 없으나, 세상의 백성들에게 죄가 있다면 그 죄는 저에게 있는 것입니다."

무왕이 주왕을 칠 때 이렇게 말하였다.

"주나라는 하늘이 내리신 혜택으로 훌륭한 인물이 많다. 은나라에 비록 가까운 친척이 있더라도 우리나라의 어진 사람만은 못하다. 또한 백성에게 허물이 있다면 그 책임은 나 한 사람에게 있는 것이다."

무왕은 도량형을 신중하게 바로잡고, 법도를 심의하여 이를 개선하고 폐지한 관직들을 정비하여, 사방의 정사가 잘 시행되었으며, 멸망했던 나라들을 부흥시켜 주고 끊어진 대를 다시 이어주었으며 초야에 묻힌 숨은 인재들을 찾아내 기용하였으므로 천하의 민심이 그에게로 돌아갔다.

그가 소중히 여긴 것은 백성과 식량과 상사(喪事)와 제사였다. 관대하게 대하면 백성의 지지를 얻게 되고, 신의가 있으면 백성들이 믿고 따르게 된다. 행동이 민첩하면 공을 이루게 되고 공평하면 백성들이 기뻐하게 된다.

○ 해설　　요임금은 세상에서 충(忠)·효(孝)와 인덕(仁德)을 갖추었다는 순(舜)을 발탁하여 중책을 맡기고, 자신의 아들 단주를 제쳐두고 그에게 왕위를 물려주었다. 이처럼 유덕한 이에게 평화적인 방법으로 임금의 자리를 계승케 함을 선양(禪讓)이라고 한다. 그러나 무도한 폭군을 무력으로 제압하여 천하를 차지하는 경우를 방벌(放伐)이라고 한다.

예컨대 저 은나라의 탕왕이 하나라의 걸왕을 멸한 것이나, 주나라의 무왕이 은나라의 주왕을 멸한 것이 여기에 해당된다. 탕왕은 걸왕의 자손으로 기(杞)나라를 세우게 하는 관대한 조처로 제후의 지지를 받은 바 있다. 또한 무왕은 끊어진 가문의 대를 이어주며, 관(寬)·신(信)·민(敏)·공(公)의 사덕(四德)으로 덕치를 베풀어 흩어진 민심을 수습하였다.

군자가 지키고 행해야 할 오미(五美)

자장　문어공자왈　하여　　사가이종정의
子張이 問於孔子曰, 何如라야 斯可以從政矣니이까?

자왈　존오미　　병사악　　사가이종정의
子曰, 尊五美하며 屛四惡이면 斯可以從政矣리라.

자장왈　하위오미
子張曰, 何謂五美니이까?

자왈　군자혜이불비　　노이불원　　　욕이불탐
子曰, 君子惠而不費하며 勞而不怨하며 欲而不貪하며

태이불교　　위이불맹
泰而不驕하며 威而不猛이니라."

자장왈　하위혜이불비
子張曰, 何謂惠而不費니이까?

자왈　인민지소리이리지　사불역혜이불비호
子曰, 因民之所利而利之니 斯不亦惠而不費乎아?

택가노이노지　　우수원　　욕인이득인
擇可勞而勞之어니 又誰怨이리오? 欲仁而得仁이어니

우언탐　　군자무중과　　무소대　　무감만
又焉貪이리오? 君子無衆寡하며 無小大히 無敢慢하나니

사불역태이불교호　군자　정기의관　　존기첨시
斯不亦泰而不驕乎아 君子는 正其衣冠하며 尊其瞻視하여

엄연인망이외지　　사불역위이불맹호
儼然人望而畏之하나니 斯不亦威而不猛乎아.

자장왈　하위사악
子張曰, 何謂四惡이니이까?

자 왈   불 교 이 살   위 지 학
子曰, 不敎而殺을 謂之虐이오.

불 계 시 성   위 지 포   만 령 치 기
不戒視成을 謂之暴오. 慢令致期를

위 지 적   유 지 여 인 야   출 납 지 린   위 지 유 사
謂之賊이오. 猶之與人也로대 出納之吝을 謂之有司니라.

○ 풀이   "어떻게 하면 바른 정치에 종사할 수 있습니까?"

공자께서 말씀하셨다.

"다섯 가지의 미덕을 존중하고, 네 가지 악덕을 물리치면 바른 정치에 종
사할 수 있다."

자장이 물었다.

"무엇을 다섯 가지 미덕이라고 합니까?"

공자께서 말씀하셨다.

"군자는 백성들에게 은혜를 베풀면서도 낭비하지 않고, 수고롭게 일을
시키면서도 원망을 사지 않으며, 뜻을 이루고자 하면서도 탐욕을 부리지
않고, 넉넉하면서도 교만하지 않으며, 위엄이 있으면서도 사납지 않은
것이다."

자장이 물었다.

"무엇이 은혜를 베풀되 낭비하지 않는 것입니까?"

공자께서 말씀하셨다.

"백성들에게 이롭다고 여기는 바대로 하도록 해줌으로써 그들을 이롭게
한다면, 이것이 곧 은혜를 베풀되 낭비하지 않는 것 아니냐? 또한 부려도
될 만한 일을 택하여 부린다면 그 누가 원망하겠느냐? 그리고 인(인덕, 仁
德)을 실현하고자 하여 인을 이룬다면 그 이상 무엇을 더 바라겠느냐? 군
자가 사람이 많든 적든, 또한 권세가 크든 작든 감히 소홀히 하지 않는다

면, 이것이 곧 넉넉하되 교만하지 않은 것이 아니겠느냐? 군자가 의관을
바르게 하고 태도를 위엄 있게 하여 사람들이 그를 어려워한다면, 이것
이 곧 위엄은 있으되 사납지 않은 것이 아니겠느냐?"

자장이 또 물었다.

"그러면 무엇을 네 가지 악덕이라고 합니까?"

공자께서 말씀하셨다.

"백성을 가르치지 않고서 잘못했다고 죽이는 것을 잔학하다 하고, 미리
주의를 주지 않고 결과만 보고 판단하는 것을 난폭하다고 하며, 명령은
느슨하게 해놓고 갑자기 기일을 정하여 재촉하는 것을 일을 그르치는 짓
이라 하고, 어차피 사람들에게 골고루 나눠줄 것이면서도 출납에 인색한
것을 옹졸한 벼슬아치라 하는데, 이것이 네 가지 악덕이다."

○ 해설　공자는 군자가 지키고 행해야 할 오미(五美)를 자세히 설명했다.
군자는 인정(仁政)과 덕치(德治)를 구현할 임금이나 참여자를 말한다.

論語 천명을 모르면 군자가 될 수 없다

공 자 왈　부 지 명　　　　무 이 위 군 자 야
孔子曰, 不知命이면 無以爲君子也오.

부 지 례　　무 이 입 야　　부 지 언　　　무 이 지 인 야
不知禮면 無以立也오. 不知言이면 無以知人也니라.

○ 풀이　　공자께서 말씀하셨다.

"천명을 모르면 군자가 될 수 없고, 예를 모르면 남 앞에(세상에) 나설 수
없으며, 말을 모르면 사람을 다스릴 수 없다."

○ 해설　　공자는 군자가 갖추어야 할 세 가지 요건으로 지명(知命)과 지례
(知禮)와 지언(知言)을 들고 있다. 지명은 곧 만물을 창조하고 다스리는
하늘의 의지를 이해함을 뜻한다. 그리고 예는 사회질서와 인간윤리의 규
범이다. 지례란 문화인의 사회참여에 필수적인 것이다. 지언(知言)이란
대화를 통하여 사람의 바르고 바르지 못함을 식별하여 이에 슬기롭게 대
처함을 뜻하는 것이다.

공자 연보

孔　子
年　譜

![공자연보] **공자의 연보**(年譜)

1세(기원전 551년) | 노(魯)나라 추읍 창평현에서 출생, 어머니 안징재(顔徵在)가 이구산(尼丘山)에서 기도를 드리고 공자를 낳았다 함. 그래서 이름을 구(丘), 자를 중니(仲尼)라 했다고 전함. 사마천『사기, 공자세가』의 설.『춘추전(春秋傳)』에는 기원전 522년 출생이라고 전한다.

3세(기원전 549년) | 아버지 숙량흘(叔粱紇) 돌아가심. 공자 모친이 공자를 데리고 곡부 궐리로 이주하여 가난하게 살았다.

6세(기원전 546년) | 어린 공자는 모친의 훈도를 받았다. 제사지내는 법과 예의를 차렸다고 전한다.

15세(기원전 537년) | 학문에 뜻을 두고 덕을 닦음. 十有五而志於學.

17세(기원전 535년) | 어머니 안징재 돌아가심.

19세(기원전 533년) | 송(宋)나라의 기관씨(亓官氏)와 결혼. 양곡 창고를 관리하는 위리(委吏)로 일하다.

20세(기원전 532년) | 아들 리(鯉, 子는 伯魚)를 낳음. 노나라 임금 소공(昭公)이 잉어를 하사했으므로 리(鯉)라 함.

21세(기원전 531년) | 노나라의 사직리(司職吏)가 됨. 사직리는 희생으로 쓸 가축을 기르는 것을 관리하는 관원.

30세(기원전 522년) | 공자의 학문과 덕행이 사회적으로 알려졌다. 『논어』에서 '삼십이립 (三十而立)'라고 했다. 이때, 공자는 사학(私學)을 개설하고 제자들에게 강학(講學)했다.

33세(기원전 519년) | 주나라의 도읍 낙양으로 여행하며 주나라 문화와 음악을 배웠다.

34세(기원전 518년) | 노나라 소공(昭公)을 좇아 제(齊)나라를 유람하다. 노나라 대부 맹희자 가 임종 직전에 아들 맹의자와 남궁경숙에게 '공자의 예를 배우라.'고 부탁했다.

35세(기원전 517년) | 노나라의 대부인 삼환씨가 참월하게 권력을 전횡하여, 소공(昭公)이 제 나라로 망명했다.

40세(기원전 512년) | 공자는 스스로 '사십이불혹(四十而不惑)'이라고 했다. 즉 그의 학문정신 과 믿고 따르려는 도(道)가 바르고 굳게 섰다는 뜻이다.

48세(기원전 504년) | 계환자(季桓子)가 노를 어지럽히자 공자는 문란한 세상을 한탄하고 물 러나 시, 서, 예, 악을 연구함. 문하생의 수가 날로 증가했다. 양호가 공자를 만나고자 했으 나 공자가 피하고 안 만났다.

50세(기원전 502년) | 공자 자신이 '나이 50세 천명을 알다(五十而知天命)'라고 했다. 공자가 말한 '지천명'은 바로 학덕(學德)을 겸비한 군자를 배양해서, 인정(仁政)과 덕치(德治)를 바 탕으로 선세계(善世界)를 창건하는 것이 하늘이 자기에게 준 절대명령임을 알았다는 뜻 이다.

51세(기원전 501년) | 중도 고을의 재(中都宰)로서 고을을 잘 다스려 사방에서 본받게 됨.

52세(기원전 500년) | 공자가 소사공(小司空)을 거쳐 대사구(大司寇)로 승진하고 대부(大夫)의 신분으로 재상의 일까지 겸함. 협곡 회맹에 외교사절로 수행하여 공을 세움.

55세(기원전 497년) | 제(齊)나라에서 여악(女樂) 80명을 노나라에 보냈다. 계환자와 노나라 임금은 가기(歌妓)와 무녀들에 빠져 정사를 소홀히 했다. 이에 공자는 외유에 나서 위(衛) 나라로 갔다. 그러나 참언으로 해를 입어 다시 진(陳)나라로 갔다. 가는 도중, 광읍(匡邑)에 서는 그곳 사람들이 공자 일행을 양호의 무리로 착각하고 포위하는 일이 있었다. 또 포(蒲) 에서는 반란에 길이 막히고 위험에 처했다. 이에 공자는 다시 위나라로 돌아왔다.

60세(기원전 492년) | 공자는 '육십이이순(六十而耳順)'이라고 했다. 이때 공자는 정(鄭)나라에서 진(陳)나라에 있었다. 제자들과 헤어져 공자가 동문에서 제자들이 오기를 기다렸다. '초상집의 개(喪家之狗)'의 고사가 유래됨. 진나라의 민공(閔公)이 공자를 대우했다.

62세(기원전 490년) | 애제자 안회 죽음(32세), 슬픔이 컸다.

63세(기원전 489년) | 오나라가 진나라를 치려고 하자, 공자는 진을 떠나 채나라를 거쳐 초나라로 가려 했다. 진과 채나라 사이에 포위되어 7일간 굶주렸다. 초나라의 도움으로 위기를 면하고 다시 위나라로 돌아왔다.

67세(기원전 485년) | 부인 기관씨 사망.

68세(기원전 484년) | 제나라가 무력으로 노나라를 침공하자 공자의 제자 염유가 출전하여 격파했다. 이에 노나라의 실권자인 계강자가 정중한 예로써 공자를 모셨다. 이에 공자는 14년에 걸친 방랑을 마무리하고 노나라로 돌아왔다.

70세(기원전 482년) | 아들 리가 죽음. 공자 자신이 '70세가 되자, 마음대로 행해도 법도를 넘지 않는다(七十而從心所欲不踰矩)'라고 했다.

72세(기원전 480년) | 위나라에서 정변이 발생하고, 공자의 제자 자로(子路)가 휩쓸려 죽었다. 공자는 크게 상심했다. 『춘추』를 지음.

73세(기원전 479년) | 병을 앓다가 4월 11일 세상을 떠남. 곡부(曲阜)의 북쪽 사수(泗水)가에 매장했다. 제자들은 여막에서 3년간 복상했으며, 자공은 6년간 복상했다.